FRANCISCO INIESTA PÉREZ

EVALUACIÓN DE LA EDUCACIÓN FÍSICA
3º Y 4º CURSO DE EDUCACIÓN PRIMARIA

WANCEULEN
Editorial

WANCEULEN
EDITORIAL DEPORTIVA

©Copyright: Francisco Iniesta Pérez

©Copyright: De la presente Edición, Año 2018 WANCEULEN EDITORIAL

Título: EVALUACIÓN DE LA EDUCACIÓN FÍSICA 3º Y 4º CURSO DE EDUCACIÓN PRIMARIA

Autor: FRANCISCO INIESTA PÉREZ

Editorial: WANCEULEN EDITORIAL
Sello Editorial: WANCEULEN EDITORIAL DEPORTIVA

ISBN (Papel): 978-84-9993-952-0
ISBN (Ebook): 978-84-9993-953-7

DEPÓSITO LEGAL: SE 2352-2018

Impreso en España. 2018

WANCEULEN S.L.
C/ Cristo del Desamparo y Abandono, 56 - 41006 Sevilla
Dirección web: www.wanceuleneditorial.com y www.wanceulen.com
Email: info@wanceuleneditorial.com

ÍNDICE

1. EDUCACIÓN FÍSICA EN 1º DE EDUCACIÓN PRIMARIA **9**

   1.1. TEMPORALIZACIÓN ANUAL DE UNIDADES DIDÁCTICAS 9

   1.2. DISTRIBUCIÓN DE ESTÁNDARES DE APRENDIZAJE POR UNIDAD DIDÁCTICA..10

   1.3. DESARROLLO DE LAS 12 UNIDADES DIDÁCTICAS...........................17

   1.4. RÚBRICAS 47

2. EDUCACIÓN FÍSICA EN 2º DE EDUCACIÓN PRIMARIA **55**

   2.1. TEMPORALIZACIÓN ANUAL DE UNIDADES DIDÁCTICAS 55

   2.2. DISTRIBUCIÓN DE ESTÁNDARES DE APRENDIZAJE POR UNIDAD DIDÁCTICA..56

   2.3. DESARROLLO DE LAS 12 UNIDADES DIDÁCTICAS...........................65

   2.4. RÚBRICAS 97

3. EVALUACIÓN DEL PROCESO DE ENSEÑANZA-APRENDIZAJE.............105

   BIBLIOGRAFÍA...111

PRESENTACIÓN

Este libro constituye el segundo volumen sobre el trabajo de evaluación de la Educación Física en la Educación Primaria. Como se comenta en el volumen primero, esta obra surge del trabajo desarrollado durante el curso 2016/2017 como maestro de Educación Física en prácticas tras aprobar las oposiciones de dicha especialidad en la convocatoria de 2016 en la comunidad de Castilla-La Mancha, quedando en octavo lugar al término de todo el proceso de concurso-oposición.

Al igual que en el volumen I, el cual se centraba en la evaluación de la Educación Física en 1º y 2º de Primaria, esta obra ha sido revisada y mejorada durante los cursos posteriores con mi trabajo como docente de Educación Física, y en ella se muestra un modelo o guía para desarrollar el ámbito evaluativo de la Educación Física en la Educación Primaria en Castilla-La Mancha, partiendo siempre de la *Ley Educativa para la Mejora de la Calidad Educativa (LOMCE)*, así como los estándares de aprendizaje evaluables establecidos en Castilla-La Mancha en el *Decreto 54/2014*.

Cabe destacar que los aspectos teóricos y formales referidos a la evaluación (su concepto, tipos, funciones...) los podemos encontrar en el volumen I de los tres de que se compone la obra sobre la evaluación de la E.F. en Castilla-La Mancha. En este sentido, se aconseja su lectura previa para comprender y entender mejor el sentido que a la evaluación se le pretende dar.

Sin más dilación, comenzaremos esta obra analizando la evaluación de la E.F. en el tercer curso o nivel de Educación Primaria para continuar con cuarto curso.

1. EDUCACIÓN FÍSICA EN 3º DE EDUCACIÓN PRIMARIA

1.1. TEMPORALIZACIÓN ANUAL DE UNIDADES DIDÁCTICAS

Para comenzar este apartado veremos las Unidades Didácticas de E.F. que se desarrollarán a lo largo del curso en 3º de Educación Primaria, así como la temporalización de las mismas a lo largo de los tres trimestres, si bien esta temporalización es flexible y dependerá de muchas circunstancias (del centro, de los alumnos/as, del maestro, de las condiciones climatológicas...).

		1º TRIMESTRE		2º TRIMESTRE		3º TRIMESTRE	
UNIDADES DIDÁCTICAS	1	EVALUACIÓN INICIAL SEPTIEMBRE					
	2	ESQUEMA CORPORAL LATERALIDAD OCTUBRE					
	3	PERCEPCIÓN ESPACIAL I OCT-NOV					
	4	PERCEPCIÓN TEMPORAL I NOVIEMBRE					
	5	EQUILIBRIO I DICIEMBRE					
	6			DESPLAZAMIENTOS I ENERO			
	7			SALTOS Y GIROS I FEBRERO			
	8			LANZAMIENTOS Y RECEPCIONES I MARZO			
	9					JUEGOS POPULARES I ABRIL	
	10					DEPORTES ALTERNATIVOS I MAYO	
	11					EXPRESIÓN CORPORAL I JUNIO	
	12	HIGIENE Y SALUD – TODO EL CURSO					

1.2. DISTRIBUCIÓN DE ESTÁNDARES DE APRENDIZAJE POR UNIDAD DIDÁCTICA

En la siguiente tabla se muestran los Estándares de Aprendizaje de Educación Física de 3º de Educación Primaria repartidos a lo largo de todo el curso escolar, por trimestre y divididos en 12 Unidades Didácticas.

Todos los estándares de aprendizaje se evalúan al menos una vez a lo largo del curso, lo que quiere decir que se incluyen dentro de al menos una Unidad Didáctica. No obstante, hay estándares que se evalúan en varias unidades, incluso hay estándares que se están continuamente evaluando, ya que se encuentran recogidos en todas las unidades, fundamentalmente son estándares que evalúan comportamientos y actitudes.

Además, basándonos en las **Resolución del 11/03/2015,** en esta tabla se señala la ponderación de cada estándar y la competencia clave con la que se asocia, así como el instrumento de evaluación con el que se evalúa dicho estándar.

EDUCACIÓN FÍSICA - 3º DE PRIMARIA

	P	CC	PRIMER TRIMESTRE					SEGUNDO TRIMESTRE			TERCER TRIMESTRE			TODO EL CURSO	INSTRUMENTOS DE EVALUACIÓN
			UD1	UD2	UD3	UD4	UD5	UD6	UD7	UD8	UD9	UD10	UD11	UD12	
EF01.01.01	Conoce las rutinas básicas y necesarias para la práctica de la actividad deportiva.	B	SI												X	Observación/ Seguimiento
EF01.01.02	Se asea adecuadamente y utiliza vestimenta apropiada para el ejercicio físico.	B	CS	X	X	X	X	X	X	X	X	X	X	X	X	Registro
EF01.01.03	Reconoce los alimentos básicos y necesarios para una equilibrada alimentación.	A	CM												X	Observación/ Control Desayuno
EF01.01.04	Toma conciencia de la importancia de los correctos hábitos posturales para la salud y tiene conocimiento de los malos.	I	CS												X	Observación/ Seguimiento
EF01.02.01	Conoce las capacidades físicas básicas y reconoce alguna actividad para mejorarlas.	A	CM												X	Portfolio
EF01.02.02	Es capaz de realizar una actividad de nivel moderado-vigoroso en una duración entre 6' y 8'.	I	CM					X	X	X	X					Observación/ Seguimiento
EF01.02.03	Adapta las intensidades que requieran la duración de las tareas para mantenerse activo durante toda la clase.	I	CM					X	X	X	X					Observación/ Seguimiento
EF01.02.04	Muestra interés hacia una mejora global en cuanto al manejo de acciones donde se implique alguna capacidad física básica.	A	CM					X	X	X	X					Observación/ Seguimiento
EF01.03.01	Conoce y respeta las normas y funcionamiento de la clase, así como del uso correcto y seguro de espacios y materiales.	B	CS	X	X	X	X	X	X	X	X	X	X	X		Registro
EF01.03.02	Conoce y aplica las medidas básicas de seguridad y de prevención de accidentes en la práctica de los juegos y actividad física.	I	CS	X	X	X	X	X	X	X	X	X	X	X		Registro

		P	CC	PRIMER TRIMESTRE					SEGUNDO TRIMESTRE			TERCER TRIMESTRE			TODO EL CURSO	INSTRUMENTOS DE EVALUACIÓN
				UD1	UD2	UD3	UD4	UD5	UD6	UD7	UD8	UD9	UD10	UD11	UD12	
EF01.03.03	Acepta las diferencias individuales y del grupo, y actúa consecuentemente para favorecer un clima adecuado.	I	CS	X	X	X	X	X	X	X	X	X	X	X		Registro
EF01.03.04	Toma conciencia de la necesidad y el deber de cuidar todo el material e instalaciones deportivas.	B	CS	X	X	X	X	X	X	X	X	X	X	X		Registro
EF01.03.05	Respeta y reconoce las decisiones del maestro y de sus compañeros, así como el resultado del juego, expresando adecuadamente sus impresiones.	B	CS	X	X	X	X	X	X	X	X	X	X	X		Registro
EF01.03.06	Toma conciencia de la importancia existente entre los beneficios de la actividad física y la salud	I	CS	X	X	X	X	X	X	X	X	X	X	X		Registro
EF01.04.01	Utiliza la lectura y las nuevas tecnologías para obtener la información que se le solicita.	A	CD												X	Portfolio
EF01.04.02	Busca información y comunica sus conclusiones respetando las opiniones de los demás.	I	CS												X	Portfolio/Obs.
EF01.04.03	Fomenta la comprensión lectora como medio de búsqueda e intercambio de información y de comprensión.	A	CL												X	Portfolio
EF02.01.01	Conoce e identifica los músculos, huesos y articulaciones básicos del cuerpo en la figura humana.	B	CM		X											Prueba Práctica
EF02.01.02	Se orienta en el espacio respecto a sí mismo, respecto a otros y en relación con los objetos.	B	CM			X										Prueba Práctica
EF02.01.03	Toma conciencia corporal de las acciones motoras que va a realizar posteriormente.	I	CM		X											Observación/ Seguimiento
EF02.01.04	Conoce y valora la importancia de la respiración y relajación en su organismo.	I	CM		X											Observación/ Seguimiento
EF02.01.05	Aprecia las distancias adecuadas en cuanto al espacio y a un tiempo determinado que requiere la actividad propuesta.	I	AA			X	X		X							Prueba Práctica
EF02.02.01	Conoce y utiliza las habilidades y destrezas básicas para resolver determinadas acciones motrices.	B	AA						X	X	X					Prueba Práctica

		P	CC	PRIMER TRIMESTRE					SEGUNDO TRIMESTRE			TERCER TRIMESTRE			TODOD EL CURSO	INSTRUMENTOS DE EVALUACIÓN
				UD1	UD2	UD3	UD4	UD5	UD6	UD7	UD8	UD9	UD10	UD11	UD12	
EF02.02.02	Se desplaza coordinadamente en diversos espacios y ante situaciones sin o con obstáculos, adaptándose a una ordenación temporal.	B	AA						X							Prueba Práctica
EF02.02.03	Ejecuta de forma adecuada distintos tipos de desplazamiento: carrera, cuadrupedia, reptación…	B	AA						X							Prueba Práctica
EF02.02.04	Realiza y coordina de forma equilibrada las fases del salto.	B	AA							X						Prueba Práctica
EF02.02.05	Gira sobre los ejes corporales en diferentes posiciones y adaptándose a la necesidad de la acción motriz.	I	AA							X						Prueba Práctica
EF02.02.06	Toma conciencia de la importancia de un correcto desarrollo de las habilidades básicas motrices.	A	AA						X	X	X					Observación/ Seguimiento
EF02.03.01	Conoce las normas de participación y funcionamiento de la clase y las aplica durante los juegos y práctica deportiva.	B	CS	X	X	X	X	X	X	X	X	X	X	X		Registro
EF02.03.02	Respeta las normas y reglas de juego, manteniendo una conducta respetuosa, deportiva y que no perjudique el desarrollo de la actividad.	B	CS	X	X	X	X	X	X	X	X	X	X	X		Registro
EF02.03.03	Valora la importancia del cuidado del material deportivo, así como las instalaciones donde se realiza la actividad física.	B	CS	X	X	X	X	X	X	X	X	X	X	X		Registro
EF02.04.01	Combina de forma natural dos o más habilidades básicas.	B	AA						X	X	X					Prueba Práctica
EF02.04.02	Mantiene el equilibrio en diferentes posiciones.	B	AA					X								P Práctica
EF02.04.03	Consolida los elementos fundamentales en la ejecución de desplazamientos, saltos y giros.	I	AA						X	X						Prueba Práctica
EF02.04.04	Utiliza de forma eficaz las habilidades motrices básicas en medios y situaciones estables y conocidas.	I	AA						X	X	X					Prueba Práctica
EF02.04.05	Es capaz de mejorar la coordinación de las formas básicas de las habilidades y destrezas motoras, expresando oralmente su proceso.	A	CL								X					Observación/ Seguimiento

		P	CC	PRIMER TRIMESTRE					SEGUNDO TRIMESTRE			TERCER TRIMESTRE			TODOD EL CURSO	INSTRUMENTOS DE EVALUACIÓN
				UD1	UD2	UD3	UD4	UD5	UD6	UD7	UD8	UD9	UD10	UD11	UD12	
EF02.04.06	Interioriza y toma conciencia de los procesos perceptivos y cognitivos en el repertorio motriz propio.	I	AA		X											Observación/ Seguimiento
EF02.04.07	Muestra interés por la mejora de la competencia motriz.	B	AA	X												Observación/ S
EF02.05.01	Resuelve estrategias sencillas y básicas de forma coordinada y eficaz.	B	AA									X				Prueba Práctica
EF02.05.02	Mejora globalmente las capacidades físicas básicas a través del juego, interiorizando y aprendiendo a valorar la importancia de las mismas.	B	AA									X	X			Observación/ Seguimiento
EF02.05.03	Aplica las relaciones topológicas básicas a formas jugadas y ayuda a los compañeros a través de indicaciones y gestos a realizar las acciones más adecuadas.	B	CS									X	X			Observación/ Seguimiento
EF02.05.04	Utiliza y combina eficazmente las habilidades motrices básicas en los juegos, mejorando el dominio corporal en movimiento.	I	AA									X	X			Observación/ Seguimiento
EF02.05.05	Acepta las reglas y normas de los juegos, colaborando en un correcto desarrollo y desenvolvimiento de los mismos.	B	CS									X	X			Observación/ Seguimiento
EF02.05.06	Coopera positivamente y respeta la participación de todos sus compañeros, rechazando comportamientos antisociales.	B	CS									X	X			Observación/ Seguimiento
EF02.06.01	Conoce y valora los diversos tipos de ejercicios físicos, juegos y actividades deportivas.	B	AA									X	X			Ficha/Portfolio
EF02.06.02	Respeta y acepta normas y reglas de juego, apreciando algunas características y normas básicas de ciertas actividades deportivas.	B	CS	X												Observación/ Seguimiento
EF02.06.03	Practica distintas actividades lúdicas y deportivas.	B	SI									X	X			Observación/ Seguimiento

		P	CC	PRIMER TRIMESTRE					SEGUNDO TRIMESTRE			TERCER TRIMESTRE			TODO EL CURSO	INSTRUMENTOS DE EVALUACIÓN
				UD1	UD2	UD3	UD4	UD5	UD6	UD7	UD8	UD9	UD10	UD11	UD12	
EF02.06.04	Aplica diferentes habilidades motrices de forma correcta en la práctica de juegos y deportes alternativos.	B	AA										X			Observación/ Seguimiento
EF02.06.05	Explora y descubre estrategias básicas del juego en relación a acciones cooperativas, de oposición y de cooperación-oposición, participando activamente.	I	AA	X								X	X			Observación/ Seguimiento
EF02.06.06	Utiliza y combina distintas habilidades básicas sencillas en juegos y actividades deportivas.	B	AA						X	X	X					Observación/ Seguimiento
EF02.06.07	Toma conciencia de la importancia del juego como aprovechamiento valioso y medio de disfrute del ocio y tiempo libre.	B	SI	X												Observación/ Seguimiento
EF02.07.01	Conoce y practica diferentes juegos populares, tradicionales y autóctonos de Castilla - La Mancha, apreciando este tipo de juegos como un importante elemento social y cultural.	B	CC									X				Observación/ Seguimiento
EF02.07.02	Ejecuta coordinadamente y de forma equilibrada juegos populares, tradicionales y autóctonos, aplicando las habilidades básicas y manejando objetos y materiales propios de éstos.	B	CC									X				Observación/ Seguimiento
EF02.07.03	Practica juegos y actividades en el medio urbano, natural o al aire libre.	B	CM										X			Observación/ Seguimiento
EF02.07.04	Muestra una actitud de respeto y consideración hacia el medio ambiente, colaborando con la conservación en la práctica de la actividad física.	B	CS										X			Observación/ Seguimiento
EF02.08.01	Utiliza la lectura y las nuevas tecnologías para obtener la información que se le solicita.	A	CD												X	Portfolio
EF02.08.02	Busca información y comunica sus conclusiones respetando las opiniones de los demás.	I	CS												X	Portfolio/Obs.
EF02.08.03	Fomenta la comprensión lectora como medio de búsqueda e intercambio de información y comprensión.	A	CL												X	Portfolio

	P	CC	PRIMER TRIMESTRE					SEGUNDO TRIMESTRE			TERCER TRIMESTRE			TODO EL CURSO	INSTRUMENTOS DE EVALUACIÓN
			UD1	UD2	UD3	UD4	UD5	UD6	UD7	UD8	UD9	UD10	UD11	UD12	
EF03.01.01	Conoce y desarrolla nociones asociadas al ritmo: antes, durante, después, cadencia y velocidad.	I	CM				X									Prueba Práctica
EF03.01.02	Ejecuta pasos y movimientos sencillos adaptados a secuencias rítmicas en un espacio determinado.	B	CC				X									Prueba Práctica
EF03.01.03	Practica danzas y bailes propios de Castilla - La Mancha y otros conocidos, de forma sencilla.	I	CC											X		Observación/ Seguimiento
EF03.01.04	Reproduce un ritmo sencillo dado a partir de diferentes habilidades motrices básicas, utilizando su cuerpo y/u objetos e/o implementos.	B	CC											X		Observación/ Seguimiento
EF03.01.05	Valora los recursos expresivos y musicales propios y de los demás y sabe interpretarlos.	B	CC											X		Observación/ Seguimiento
EF03.02.01	Conoce y valora las posibilidades expresivas y comunicativas corporales, mostrando desinhibición en sus representaciones.	I	CC											X		Observación/ Seguimiento
EF03.02.02	Utiliza diversos objetos y materiales para exteriorizar mensajes.	B	CL											X		Prueba Práctica
EF03.02.03	Interpreta gestos y representaciones de los demás comprendiendo el lenguaje expresivo corporal.	B	CL											X		Observación/ Seguimiento
EF03.02.04	Es espontáneo, creativo y tiene la capacidad de improvisar en un contexto determinado.	I	AA											X		Observación/ Seguimiento
EF03.02.05	Participa en manifestaciones expresivas con desinhibición, emotividad y sentimientos a través del cuerpo, el gesto y el movimiento.	I	CC											X		Observación/ Seguimiento
EF03.03.01	Utiliza la lectura y las nuevas tecnologías para obtener la información que se le solicita.	A	CD												X	Portfolio
EF03.03.02	Busca información y comunica sus conclusiones respetando las opiniones de los demás.	I	CS												X	Portfolio/Obs.
EF03.03.03	Fomenta la comprensión lectora como medio de búsqueda e intercambio de información y comprensión.	A	CL												X	Portfolio

1.3. DESARROLLO DE LAS 12 UNIDADES DIDÁCTICAS

En las siguientes tablas se desarrollan las 12 Unidades Didácticas de las cuales se compone el curso escolar de E.F. en 3º de Educación Primaria. En cada una de ellas se especifican los siguientes elementos:

- ✓ Nº Unidad Didáctica y Título
- ✓ Curso: 3º de Educación Primaria
- ✓ Nº de alumnos/as (sin especificar)
- ✓ Nº de sesiones (orientativo)
- ✓ Temporalización: Trimestre/Mes
- ✓ Objetivos de Etapa con los que mayor relación tiene la U.D.
- ✓ Metodología utilizada a lo largo de la U.D.
- ✓ Recursos: Instalaciones y materiales utilizados.
- ✓ Tipos de actividades.
- ✓ Contenidos a desarrollar en la U.D. (basados en el D.54/2014)
- ✓ Estándares de aprendizaje: De ellos se especifica:
  - Nomenclatura
  - Ponderación: Básico, intermedio o avanzado
  - Competencia Clave asociada
  - Instrumento de Evaluación

Se debe tener en cuenta que todos estos datos son orientativos y que cada maestro debe adaptar los diferentes elementos de cada U.D. a sus propias características, a las del centro y a las de sus propios alumnos/as. De este modo, dentro de su autonomía puede modificar las Unidades Didácticas, su temporalización, así como los estándares de aprendizaje a trabajar en cada trimestre o en cada Unidad.

Por último, después del desarrollo de cada U.D. encontramos la *"Ficha de seguimiento de la U.D."*, la cual nos servirá de ayuda para la evaluación de cada estándar de aprendizaje para cada uno de los alumnos/as. En ella se evaluará cada estándar del 1 al 5 (siendo 1 no conseguido y 5 el nivel máximo).

Por último, estos valores se pueden trasladar a la herramienta evaluativa llamada *"Evalúa"*, la cual se puede descargar desde la página web de la junta de comunidades de Castilla-La Mancha, y la cual nos puede ayudar a obtener la calificación orientativa de cada alumno/a.

FRANCISCO INIESTA PEREZ

U.D. Nº 1	CURSO: 3º	Alumnos: ___	9 SESIONES	PRIMER TRIMESTRE	SEPTIEMBRE	EVALUACIÓN INICIAL

OBJETIVOS DE ETAPA	K, B, M, A, C y J	METODOLOGÍA	DESCUBRIMIENTO GUIADO RESOLUCIÓN DE PROBLEMAS LIBRE EXPLORACIÓN

RECURSOS: Instalaciones y material	Pabellón polideportivo. Pelotas, petos, conos, cuerdas, aros, fichas,...	ACTIVIDADES	- Juegos cooperativos - Dinámicas de grupo - Gymkhanas

CONTENIDOS: El cuidado del cuerpo. Adquisición de hábitos posturales y alimentarios saludables relacionados con la actividad física y consolidación de hábitos de higiene corporal. Relación de la actividad física con la salud y el bienestar. Reconocimiento y actitud favorable de los beneficios de la actividad física en la salud. Medidas básicas de seguridad en la práctica de la actividad física, con relación al entorno. Uso correcto y respetuoso de materiales y espacios. Iniciativa y muestra de interés por la mejora del control postural. Identificación de formas y posibilidades de movimiento. Adecuación del movimiento a estructuras espaciales y temporales.

	ESTÁNDARES DE APRENDIZAJE	P	CC	INSTRUMENTOS DE EVALUACIÓN
EF01.01.02	Se asea adecuadamente y utiliza vestimenta apropiada para el ejercicio físico.	B	CS	Registro
EF01.03.01	Conoce y respeta las normas y funcionamiento de la clase, así como del uso correcto de espacios y materiales.	B	CS	Registro
EF01.03.02	Conoce y aplica las medidas básicas de seguridad y de prevención de accidentes en la práctica de actividad física.	I	CS	Registro
EF01.03.03	Acepta las diferencias individuales y del grupo, y actúa consecuentemente para favorecer un clima adecuado.	I	CS	Registro
EF01.03.04	Toma conciencia de la necesidad y el deber de cuidar todo el material e instalaciones deportivas.	B	CS	Registro
EF01.03.05	Respeta y reconoce las decisiones del maestro y de sus compañeros, así como el resultado del juego, expresando adecuadamente sus impresiones.	B	CS	Registro
EF01.03.06	Toma conciencia de la importancia existente entre los beneficios de la actividad física y la salud	I	CS	Registro
EF02.03.01	Conoce las normas de participación y funcionamiento de la clase y las aplica durante los juegos y práctica deportiva.	B	CS	Registro
EF02.03.02	Respeta las normas y reglas de juego, manteniendo una conducta respetuosa, deportiva y que no perjudique el desarrollo de la actividad.	B	CS	Registro
EF02.03.03	Valora la importancia del cuidado del material deportivo, así como las instalaciones donde se realiza la actividad física.	B	CS	Registro
EF02.04.07	Muestra interés por la mejora de la competencia motriz.	B	AA	Observación/ Seguimiento
EF02.06.02	Respeta las normas y reglas de juego, apreciando las características y normas básicas de las actividades deportivas.	B	CS	Observación/ Seguimiento
EF02.06.05	Explora y descubre estrategias básicas del juego en relación a acciones cooperativas, de oposición y de cooperación-oposición, participando activamente.	I	AA	Observación/ Seguimiento

FICHA DE SEGUIMIENTO DE LA U.D.1

Unidad Didáctica Nº: 1	EVALUACIÓN INICIAL	CURSO	3º

ALUMNADO	ESTÁNDARES	EF01.01.02	EF01.03.01	EF01.03.02	EF01.03.03	EF01.03.04	EF01.03.05	EF01.03.06	EF02.03.01	EF02.03.02	EF02.03.03				
1															
2															
3															
4															
5															
6															
7															
8															
9															
10															
11															
12															
13															
14															
15															
16															
17															
18															
19															
20															

ASEO	EF01.01.02	A
Respeto (normas clase)	EF01.03.01	RNC
Seguridad y prevención	EF01.03.02	S
Compañerismo - Deportividad	EF01.03.03	C
Cuidado Material	EF01.03.04 EF02.03.03	M
Respeto (maestro)	EF01.03.05	RM
Beneficios - Salud	EF01.03.06	BS
Respeto (normas juegos)	EF02.03.01 EF02.03.02	RNJ
Falta de Asistencia		F

NO CONSEGUIDO	ACEPTABLE	BUENO	MUY BUENO	EXCELENTE
1	2	3	4	5

U.D. Nº 2	CURSO: 3º	Alumnos:	9 SESIONES	PRIMER TRIMESTRE	OCTUBRE	ESQUEMA CORPORAL Y LATERALIDAD

| OBJETIVOS DE ETAPA | K, B, M, A, C | METODOLOGÍA | DESCUBRIMIENTO GUIADO RESOLUCIÓN DE PROBLEMAS LIBRE EXPLORACIÓN | | | |

| RECURSOS: Instalaciones y material | Pabellón polideportivo. Pelotas, pañuelos, balones, petos de colores, conos, picas, aros, cuerdas, pelotas, colchonetas, fichas... | ACTIVIDADES | Juegos de lateralidad Juegos para controlar las diferentes partes del cuerpo y para desarrollar la concienciación segmentaria y global del cuerpo. Juegos de respiración y el tono muscular. |

CONTENIDOS

Relación de la actividad física con la salud y el bienestar. Reconocimiento y actitud favorable de los beneficios de la actividad física en la salud Conocimiento básico de la estructura corporal en relación al movimiento. Posibilidades perceptivas. Representación mental y exploración del propio cuerpo en relación con el movimiento. Imagen corporal. Conciencia y control del cuerpo en relación con la respiración, tensión y la relajación. Control corporal en situaciones de equilibrio en estático y dinámico en distintas posiciones. Dominio y control postural. Discriminación segmentaria en relación con los objetos y con los demás en distintos espacios. Iniciativa y muestra de interés por la mejora del control postural.

ESTÁNDARES DE APRENDIZAJE	P	CC	INSTRUMENTOS DE EVALUACIÓN
EF01.01.02 Se asea adecuadamente y utiliza vestimenta apropiada para el ejercicio físico.	B	CS	Registro
EF01.03.01 Conoce y respeta las normas y funcionamiento de la clase, así como del uso correcto de espacios y materiales.	B	CS	Registro
EF01.03.02 Conoce y aplica las medidas básicas de seguridad y de prevención de accidentes en la práctica de actividad física.	I	CS	Registro
EF01.03.03 Acepta las diferencias individuales y del grupo, y actúa consecuentemente para favorecer un clima adecuado.	I	CS	Registro
EF01.03.04 Toma conciencia de la necesidad y el deber de cuidar todo el material e instalaciones deportivas.	B	CS	Registro
EF01.03.05 Respeta y reconoce las decisiones del maestro y de sus compañeros, así como el resultado del juego.	B	CS	Registro
EF01.03.06 Toma conciencia de la importancia existente entre los beneficios de la actividad física y la salud	I	CS	Registro
EF02.03.01 Conoce las normas de participación y funcionamiento de la clase y las aplica durante los juegos y práctica deportiva.	B	CS	Registro
EF02.03.02 Respeta las normas y reglas de juego, manteniendo una conducta respetuosa y deportiva.	B	CS	Registro
EF02.03.03 Valora la importancia del cuidado del material deportivo, así como las instalaciones donde se realiza la actividad física.	B	CS	Registro
EF02.01.01 Conoce e identifica los músculos, huesos y articulaciones básicos del cuerpo en la figura humana.	B	CM	Prueba Práctica
EF02.01.03 Toma conciencia corporal de las acciones motoras que va a realizar posteriormente.	I	CM	Obs./ Seguimiento
EF02.01.04 Conoce y valora la importancia de la respiración y relajación en su organismo.	I	CM	Obs./ Seguimiento
EF02.04.06 Interioriza y toma conciencia de los procesos perceptivos y cognitivos en el repertorio motriz propio.	I	AA	Obs./ Seguimiento

FICHA DE SEGUIMIENTO DE LA U.D.2

Unidad Didáctica Nº: 2	ESQUEMA CORPORAL Y LATERALIDAD	CURSO	3º

ALUMNADO	ESTÁNDARES	EF01.01.02	EF01.03.01	EF01.03.02	EF01.03.03	EF01.03.04	EF01.03.05	EF01.03.06	EF02.03.01	EF02.03.02	EF02.03.03	EF02.01.01	EF02.01.03	EF02.01.04	EF02.04.06			
1																		
2																		
3																		
4																		
5																		
6																		
7																		
8																		
9																		
10																		
11																		
12																		
13																		
14																		
15																		
16																		
17																		
18																		
19																		
20																		

ASEO	EF01.01.02	A
Respeto (normas clase)	EF01.03.01	RNC
Seguridad y prevención	EF01.03.02	S
Compañerismo - Deportividad	EF01.03.03	C
Cuidado Material	EF01.03.04 EF02.03.03	M
Respeto (maestro)	EF01.03.05	RM
Beneficios - Salud	EF01.03.06	BS
Respeto (normas juegos)	EF02.03.01 EF02.03.02	RNJ
Falta de Asistencia		F

NO CONSEGUIDO	ACEPTABLE	BUENO	MUY BUENO	EXCELENTE
1	2	3	4	5

U.D. Nº 3	CURSO: 3ºB	Alumnos: 15	8 SESIONES	PRIMER TRIMESTRE	OCTUBRE - NOVIEMBRE	**PERCEPCIÓN ESPACIAL**

OBJETIVOS DE ETAPA: K, B, M, A, C

METODOLOGÍA: DESCUBRIMIENTO GUIADO, RESOLUCIÓN DE PROBLEMAS, LIBRE EXPLORACIÓN

RECURSOS: Instalaciones y material: Pañuelos, fichas, bancos suecos, conos, picas, aros, cuerdas, pelotas, colchonetas, petos ...

ACTIVIDADES: Exploración del espacio a través de juegos lúdicos. Afianzamiento de las nociones topológicas básicas. Juegos con cambios de direcciones, distancias, velocidades y trayectorias.

CONTENIDOS: Control corporal en situaciones de equilibrio en estático y dinámico en distintas posiciones. Dominio y control postural. Discriminación segmentaria en relación con los objetos y con los demás en distintos espacios. Percepción espacial. Organización espacial. Estructuración espacio-temporal. Iniciativa y muestra de interés por la mejora del control postural. Identificación de formas y posibilidades de movimiento. Utilización eficaz de las habilidades básicas en medios y situaciones conocidas y estables. Control motor y dominio corporal. Propuesta y resolución de problemas motores sencillos. Concienciación de las propias acciones motrices aprendiendo a interiorizar aspectos perceptivos y cognitivos.

	ESTÁNDARES DE APRENDIZAJE	P	CC	INSTRUMENTOS DE EVALUACIÓN
EF01.01.02	Se asea adecuadamente y utiliza vestimenta apropiada para el ejercicio físico.	B	CS	Registro
EF01.03.01	Conoce y respeta las normas y funcionamiento de la clase, así como del uso correcto de espacios y materiales.	B	CS	Registro
EF01.03.02	Conoce y aplica las medidas básicas de seguridad y de prevención de accidentes en la práctica de actividad física.	I	CS	Registro
EF01.03.03	Acepta las diferencias individuales y del grupo, y actúa consecuentemente para favorecer un clima adecuado.	I	CS	Registro
EF01.03.04	Toma conciencia de la necesidad y el deber de cuidar todo el material e instalaciones deportivas.	B	CS	Registro
EF01.03.05	Respeta y reconoce las decisiones del maestro y de sus compañeros, así como el resultado del juego.	B	CS	Registro
EF01.03.06	Toma conciencia de la importancia existente entre los beneficios de la actividad física y la salud	I	CS	Registro
EF02.03.01	Conoce las normas de participación y funcionamiento de la clase y las aplica durante los juegos y práctica deportiva.	B	CS	Registro
EF02.03.02	Respeta las normas y reglas de juego, manteniendo una conducta respetuosa y deportiva.	B	CS	Registro
EF02.03.03	Valora la importancia del cuidado del material deportivo, así como las instalaciones donde se realiza actividad física.	B	CS	Registro
EF02.01.02	Se orienta en el espacio respecto a sí mismo, respecto a otros y en relación con los objetos.	B	CM	Prueba Práctica
EF02.01.05	Aprecia las distancias adecuadas en cuanto al espacio y a un tiempo determinado que requiere la actividad.	I	AA	Prueba Práctica

FICHA DE SEGUIMIENTO DE LA U.D.3

Unidad Didáctica Nº: 3	PERCEPCIÓN ESPACIAL	CURSO	3º

ALUMNADO	ESTÁNDARES	EF01.01.02	EF01.03.01	EF01.03.02	EF01.03.03	EF01.03.04	EF01.03.05	EF01.03.06	EF02.03.01	EF02.03.02	EF02.03.03	EF02.01.02	EF02.01.05			
1																
2																
3																
4																
5																
6																
7																
8																
9																
10																
11																
12																
13																
14																
15																
16																
17																
18																
19																
20																

ASEO	EF01.01.02	A
Respeto (normas clase)	EF01.03.01	RNC
Seguridad y prevención	EF01.03.02	S
Compañerismo - Deportividad	EF01.03.03	C
Cuidado Material	EF01.03.04 EF02.03.03	M
Respeto (maestro)	EF01.03.05	RM
Beneficios - Salud	EF01.03.06	BS
Respeto (normas juegos)	EF02.03.01 EF02.03.02	RNJ
Falta de Asistencia		F

NO CONSEGUIDO	ACEPTABLE	BUENO	MUY BUENO	EXCELENTE
1	2	3	4	5

| U.D. Nº 4 | CURSO: 3ºB | Alumnos: 15 | 8 SESIONES | PRIMER TRIMESTRE | NOVIEMBRE |

PERCEPCIÓN TEMPORAL

OBJETIVOS DE ETAPA: K, B, M, A, C

METODOLOGÍA: DESCUBRIMIENTO GUIADO, RESOLUCIÓN DE PROBLEMAS, LIBRE EXPLORACIÓN

RECURSOS: Instalaciones y material: Pañuelos, fichas, bancos suecos, conos, picas, aros, cuerdas, pelotas, colchonetas, petos ...

ACTIVIDADES: Juegos adaptando nuestro movimiento al desplazamiento de los compañeros. Juegos de seguir ritmos. Practica de danzas y bailes populares.

CONTENIDOS: Control corporal en situaciones de equilibrio en estático y dinámico en distintas posiciones. Dominio y control postural. Discriminación segmentaria en relación con los objetos y con los demás en distintos espacios. Percepción temporal. Organización temporal. Estructuración espacio-temporal. Iniciativa y muestra de interés por la mejora del control postural. Identificación de formas y posibilidades de movimiento. Utilización eficaz de las habilidades básicas en medios y situaciones conocidas y estables. Control motor y dominio corporal. Propuesta y resolución de problemas motores sencillos. Concienciación de las propias acciones motrices.

	ESTÁNDARES DE APRENDIZAJE	P	CC	INSTRUMENTOS DE EVALUACIÓN
EF01.01.02	Se asea adecuadamente y utiliza vestimenta apropiada para el ejercicio físico.	B	CS	Registro
EF01.03.01	Conoce y respeta las normas y funcionamiento de la clase, así como del uso correcto de espacios y materiales.	B	CS	Registro
EF01.03.02	Conoce y aplica las medidas básicas de seguridad y de prevención de accidentes en la práctica de actividad física.	I	CS	Registro
EF01.03.03	Acepta las diferencias individuales y del grupo, y actúa consecuentemente para favorecer un clima adecuado.	I	CS	Registro
EF01.03.04	Toma conciencia de la necesidad y el deber de cuidar todo el material e instalaciones deportivas.	B	CS	Registro
EF01.03.05	Respeta y reconoce las decisiones del maestro y de sus compañeros, así como el resultado del juego.	B	CS	Registro
EF01.03.06	Toma conciencia de la importancia existente entre los beneficios de la actividad física y la salud	I	CS	Registro
EF02.03.01	Conoce las normas de participación y funcionamiento de la clase y las aplica durante los juegos y práctica deportiva.	B	CS	Registro
EF02.03.02	Respeta las normas y reglas de juego, manteniendo una conducta respetuosa y deportiva.	B	CS	Registro
EF02.03.03	Valora la importancia del cuidado del material deportivo, así como las instalaciones donde se realiza actividad física.	B	CS	Registro
EF02.01.05	Aprecia las distancias adecuadas en cuanto al espacio y a un tiempo determinado que requiere la actividad.	I	AA	Prueba Práctica
EF03.01.01	Conoce y desarrolla nociones asociadas al ritmo: antes, durante, después, cadencia y velocidad.	I	CM	Prueba Práctica
EF03.01.02	Ejecuta pasos y movimientos sencillos adaptados a secuencias rítmicas en un espacio determinado.	B	CC	Prueba Práctica

FICHA DE SEGUIMIENTO DE LA U.D.4

Unidad Didáctica Nº: 4	PERCEPCIÓN TEMPORAL	CURSO	3º

ALUMNADO	ESTÁNDARES	EF01.01.02	EF01.03.01	EF01.03.02	EF01.03.03	EF01.03.04	EF01.03.05	EF01.03.06	EF02.03.01	EF02.03.02	EF02.03.03	EF02.01.05	EF03.01.01	EF03.01.02		
1																
2																
3																
4																
5																
6																
7																
8																
9																
10																
11																
12																
13																
14																
15																
16																
17																
18																
19																
20																

ASEO	EF01.01.02	A
Respeto (normas clase)	EF01.03.01	RNC
Seguridad y prevención	EF01.03.02	S
Compañerismo - Deportividad	EF01.03.03	C
Cuidado Material	EF01.03.04 EF02.03.03	M
Respeto (maestro)	EF01.03.05	RM
Beneficios - Salud	EF01.03.06	BS
Respeto (normas juegos)	EF02.03.01 EF02.03.02	RNJ
Falta de Asistencia		F

NO CONSEGUIDO	ACEPTABLE	BUENO	MUY BUENO	EXCELENTE
1	2	3	4	5

U.D. Nº 5	CURSO: 3ºB	Alumnos: 15	8 SESIONES	PRIMER TRIMESTRE	DICIEMBRE	
OBJETIVOS DE ETAPA	K, B, M, A, C					**EQUILIBRIO**
RECURSOS: Instalaciones y material		METODOLOGÍA	DESCUBRIMIENTO GUIADO RESOLUCIÓN DE PROBLEMAS LIBRE EXPLORACIÓN			
	Pabellón. Pañuelos, fichas, bancos suecos, conos, picas, aros, cuerdas, pelotas, colchonetas, bloques de psicomotricidad, zancos...		ACTIVIDADES		Juegos donde controlemos el cuerpo en situaciones de equilibrio. Equilibrios estáticos en el suelo, equilibrios con diferentes puntos de apoyo. Juegos de equilibrio dinámico, sobre superficies elevadas, con distintas partes del cuerpo.	
CONTENIDOS	Medidas básicas de seguridad en la práctica de la actividad física, con relación al entorno. Uso correcto y respetuoso de materiales y espacios. Control corporal en situaciones de equilibrio en estático y dinámico en distintas posiciones. Dominio y control postural. Discriminación segmentaria en relación con los objetos y con los demás en distintos espacios. Identificación de formas y posibilidades de movimiento. Experimentación de diferentes formas de la ejecución de la diversidad de desplazamientos (naturales y construidos), saltos (diferentes tipos y con coordinación de sus fases), giros en diferentes ejes (longitudinal, transversal y anteroposterior) y planos (transversal, sagital y frontal) y habilidades que impliquen manejo y control de objetos. Diferentes patrones locomotores y diferentes velocidades. Diversidad de condicionantes en su ejecución (apoyos, segmentos, superficies, altura, base de sustentación, trayectorias,...)					

	ESTÁNDARES DE APRENDIZAJE	P	CC	INSTRUMENTOS DE EVALUACIÓN
EF01.01.02	Se asea adecuadamente y utiliza vestimenta apropiada para el ejercicio físico.	B	CS	Registro
EF01.03.01	Conoce y respeta las normas y funcionamiento de la clase, así como del uso correcto de espacios y materiales.	B	CS	Registro
EF01.03.02	Conoce y aplica las medidas básicas de seguridad y de prevención de accidentes en la práctica de actividad física.	I	CS	Registro
EF01.03.03	Acepta las diferencias individuales y del grupo, y actúa consecuentemente para favorecer un clima adecuado.	B	CS	Registro
EF01.03.04	Toma conciencia de la necesidad y el deber de cuidar todo el material e instalaciones deportivas.	B	CS	Registro
EF01.03.05	Respeta y reconoce las decisiones del maestro y de sus compañeros, así como el resultado del juego.	B	CS	Registro
EF01.03.06	Toma conciencia de la importancia existente entre los beneficios de la actividad física y la salud	I	CS	Registro
EF02.03.01	Conoce las normas de participación y funcionamiento de la clase y las aplica durante los juegos y práctica deportiva.	B	CS	Registro
EF02.03.02	Respeta las normas y reglas de juego, manteniendo una conducta respetuosa y deportiva.	B	CS	Registro
EF02.03.03	Valora la importancia del cuidado del material deportivo, así como las instalaciones donde se realiza actividad física.	B	CS	Registro
EF02.04.02	Mantiene el equilibrio en diferentes posiciones.	B	AA	Prueba Práctica

FICHA DE SEGUIMIENTO DE LA U.D.5

Unidad Didáctica Nº: 5	EQUILIBRIO	CURSO	3º

ALUMNADO	ESTÁNDARES	EF01.01.02	EF01.03.01	EF01.03.02	EF01.03.03	EF01.03.04	EF01.03.05	EF01.03.06	EF02.03.01	EF02.03.02	EF02.03.03	EF02.04.02			
1															
2															
3															
4															
5															
6															
7															
8															
9															
10															
11															
12															
13															
14															
15															
16															
17															
18															
19															
20															

ASEO	EF01.01.02	A
Respeto (normas clase)	EF01.03.01	RNC
Seguridad y prevención	EF01.03.02	S
Compañerismo - Deportividad	EF01.03.03	C
Cuidado Material	EF01.03.04 EF02.03.03	M
Respeto (maestro)	EF01.03.05	RM
Beneficios - Salud	EF01.03.06	BS
Respeto (normas juegos)	EF02.03.01 EF02.03.02	RNJ
Falta de Asistencia		F

NO CONSEGUIDO	ACEPTABLE	BUENO	MUY BUENO	EXCELENTE
1	2	3	4	5

FRANCISCO INIESTA PEREZ

U.D. Nº 6	CURSO: 3ºB	Alumnos: 15	12 SESIONES	2º TRIMESTRE	ENERO	
OBJETIVOS DE ETAPA	K, B, M, A, C				**DESPLAZAMIENTOS**	

RECURSOS: Instalaciones y material	Pañuelos, fichas, bancos suecos, conos, picas, aros, cuerdas, pelotas, colchonetas, petos ...

METODOLOGÍA	ACTIVIDADES
DESCUBRIMIENTO GUIADO RESOLUCIÓN DE PROBLEMAS LIBRE EXPLORACIÓN	Juegos con diferentes tipos de desplazamientos por el espacio. Desplazamientos con objetos. Desplazamientos en carrera con saltos y a distintos ritmos. Practica de desplazamientos en equipo.

CONTENIDOS

Medidas básicas de seguridad en la práctica de la actividad física, con relación al entorno. Uso correcto y respetuoso de materiales y espacios. Resistencia cardiovascular. Experimentación de diferentes actividades aeróbicas globales, de intensidades y duraciones variables y adaptadas. Velocidad. Experimentación de diferentes actividades para el desarrollo global de la velocidad de reacción, ejecución y desplazamiento. Utilización eficaz de las habilidades básicas en medios y situaciones conocidas y estables. Mejora de las cualidades físicas básicas de forma genérica y orientada a la ejecución motriz. Mantenimiento de la flexibilidad y ejercitación globalizada de la fuerza, la velocidad y la resistencia.

	ESTÁNDARES DE APRENDIZAJE	P	CC	INSTRUMENTOS DE EVALUACIÓN
EF01.01.02	Se asea adecuadamente y utiliza vestimenta apropiada para el ejercicio físico.	B	CS	Registro
EF01.03.01	Conoce y respeta las normas y funcionamiento de la clase, así como del uso correcto de espacios y materiales.	B	CS	Registro
EF01.03.02	Conoce y aplica las medidas básicas de seguridad y de prevención de accidentes en la práctica de actividad física.	I	CS	Registro
EF01.03.03	Acepta las diferencias individuales y del grupo, y actúa consecuentemente para favorecer un clima adecuado.	I	CS	Registro
EF01.03.04	Toma conciencia de la necesidad y el deber de cuidar todo el material e instalaciones deportivas.	B	CS	Registro
EF01.03.05	Respeta y reconoce las decisiones del maestro y de sus compañeros, así como el resultado del juego.	B	CS	Registro
EF01.03.06	Toma conciencia de la importancia existente entre los beneficios de la actividad física y la salud	I	CS	Registro
EF02.03.01	Conoce las normas de participación y funcionamiento de la clase y las aplica durante los juegos y práctica deportiva.	B	CS	Registro
EF02.03.02	Respeta las normas y reglas de juego, manteniendo una conducta respetuosa y deportiva.	B	CS	Registro
EF02.03.03	Valora la importancia del cuidado del material deportivo, así como las instalaciones donde se realiza actividad física.	B	CS	Registro
EF01.02.02	Es capaz de realizar una actividad de nivel moderado-vigoroso en una duración entre 6' y 8'.	I	CM	Observación/ Seguimiento
EF01.02.03	Adapta las intensidades que requieran la duración de las tareas para mantenerse activo durante toda la clase.	I	CM	Observación/ Seguimiento
EF01.02.04	Muestra interés hacia una mejora global en cuanto al manejo de acciones donde se implique alguna capacidad física básica.	A	CM	Observación/ Seguimiento
EF02.02.01	Conoce y utiliza las habilidades y destrezas básicas para resolver determinadas acciones motrices.	B	AA	Prueba Práctica
EF02.02.02	Se desplaza coordinadamente en diversos espacios y ante situaciones sin o con obstáculos, adaptándose a una ordenación temporal.	B	AA	Prueba Práctica
EF02.02.03	Ejecuta de forma adecuada distintos tipos de desplazamiento: carrera, cuadrupedia, reptación...	B	AA	Prueba Práctica
EF02.02.06	Toma conciencia de la importancia de un correcto desarrollo de las habilidades básicas motrices.	A	AA	Observación/ Seguimiento

- 28 -

U.D. Nº 6	CURSO: 3ºB	Alumnos: 15	12 SESIONES	2º TRIMESTRE	ENERO	DESPLAZAMIENTOS		
OBJETIVOS DE ETAPA K, B, M, A, C			**METODOLOGÍA**	DESCUBRIMIENTO GUIADO RESOLUCIÓN DE PROBLEMAS LIBRE EXPLORACIÓN				
EF02.04.01	Combina de forma natural dos o más habilidades básicas.					B	AA	Prueba Práctica
EF02.04.03	Consolida los elementos fundamentales en la ejecución de desplazamientos, saltos y giros.					I	AA	Prueba Práctica
EF02.04.04	Utiliza de forma eficaz las habilidades motrices básicas en medios y situaciones estables y conocidas.					I	AA	Prueba Práctica
EF02.06.06	Utiliza y combina distintas habilidades básicas sencillas en juegos y actividades deportivas.					B	AA	Observación/ Seguimiento

FICHA DE SEGUIMIENTO DE LA U.D.6

Unidad Didáctica Nº: 6	DESPLAZAMIENTOS	CURSO	3º

ALUMNADO	ESTÁNDARES	EF01.01.02	EF01.03.01	EF01.03.02	EF01.03.03	EF01.03.04	EF01.03.05	EF01.03.06	EF02.03.01	EF02.03.02	EF02.03.03	EF01.02.02	EF01.02.03	EF01.02.04	EF02.02.01	EF02.02.02	EF02.02.03	EF02.02.06	EF02.04.01	EF02.04.03	EF02.04.04	EF02.06.06
1																						
2																						
3																						
4																						
5																						
6																						
7																						
8																						
9																						
10																						
11																						
12																						
13																						
14																						
15																						
16																						
17																						
18																						
19																						
20																						

ASEO	EF01.01.02	A	Respeto (maestro)	EF01.03.05	RM
Respeto (normas clase)	EF01.03.01	RNC	Beneficios - Salud	EF01.03.06	BS
Seguridad y prevención	EF01.03.02	S			
Compañerismo - Deportividad	EF01.03.03	C	Falta de Asistencia		F
Cuidado Material	EF01.03.04 EF02.03.03	M	Respeto (normas juegos)	EF02.03.01 EF02.03.02	RNJ

U.D. Nº 7	CURSO: 3º	Alumnos:	12 SESIONES	2º TRIMESTRE	FEBRERO	SALTOS Y GIROS
OBJETIVOS DE ETAPA	K, B, M, A, C					

RECURSOS: Instalaciones y material	METODOLOGÍA	ACTIVIDADES
Aros, vallas, colchonetas, bloques de psicomotricidad, bancos suecos, aros, conos, picas, enganches, combas, balones de gomaespuma, cinta métrica, tizas, cuerdas...	DESCUBRIMIENTO GUIADO RESOLUCIÓN DE PROBLEMAS LIBRE EXPLORACIÓN	Juegos y actividades de saltos con materiales diferentes. Saltos sobre obstáculos inmóviles y móviles. Saltos en longitud. Saltos encadenados. Saltos en equipo. Volteretas.

CONTENIDOS

Utilización eficaz de las habilidades básicas en medios y situaciones conocidas y estables. Propuesta y resolución de problemas motores sencillos. Acondicionamiento físico orientado a la mejora de la ejecución de las habilidades motrices y de las capacidades físicas orientadas a la salud. Experimentación de diferentes formas de la ejecución de la diversidad de desplazamientos (naturales y construidos), saltos (diferentes tipos y con coordinación de sus fases), giros en diferentes ejes (longitudinal, transversal y anteroposterior) y planos (transversal, sagital y frontal) y habilidades que impliquen manejo y control de objetos. Diferentes patrones locomotores y diferentes velocidades. Diversidad de coordinaciones en su ejecución (apoyos, segmentos, superficies, altura, base de sustentación, trayectorias, inclinaciones, materiales...). Utilización eficaz de las habilidades básicas en medios y situaciones conocidas y estables. Control motor y dominio corporal.

	ESTÁNDARES DE APRENDIZAJE	P	CC	INSTRUMENTOS DE EVALUACIÓN
EF01.01.02	Se asea adecuadamente y utiliza vestimenta apropiada para el ejercicio físico.	B	CS	Registro
EF01.03.01	Conoce y respeta las normas y funcionamiento de la clase, así como del uso correcto y seguro de espacios y materiales.	B	CS	Registro
EF01.03.02	Conoce y aplica las medidas básicas de seguridad y de prevención de accidentes en la práctica de los juegos y actividad física.	I	CS	Registro
EF01.03.03	Acepta las diferencias individuales y del grupo, y actúa consecuentemente para favorecer un clima adecuado.	I	CS	Registro
EF01.03.04	Toma conciencia de la necesidad y el deber de cuidar todo el material e instalaciones deportivas.	B	CS	Registro
EF01.03.05	Respeta y reconoce las decisiones del maestro y de sus compañeros, así como el resultado del juego, expresando adecuadamente sus impresiones.	B	CS	Registro
EF01.03.06	Toma conciencia de la importancia existente entre los beneficios de la actividad física y la salud	I	CS	Registro
EF02.03.01	Conoce las normas de participación y funcionamiento de la clase y las aplica durante los juegos y práctica deportiva.	B	CS	Registro
EF02.03.02	Respeta las normas y reglas de juego, manteniendo una conducta respetuosa, deportiva y que no perjudique el desarrollo de la actividad.	B	CS	Registro
EF02.03.03	Valora la importancia del cuidado del material deportivo, así como las instalaciones donde se realiza la actividad.	B	CS	Registro
EF01.02.02	Es capaz de realizar una actividad de nivel moderado-vigoroso en una duración entre 6' y 8'.	I	CM	Observación/ Seguimiento
EF01.02.03	Adapta las intensidades que requieran la duración de las tareas para mantenerse activo durante toda la clase.	I	CM	Observación/ Seguimiento

U.D. Nº 7	CURSO: 3º	Alumnos: ___	12 SESIONES	2º TRIMESTRE	FEBRERO	SALTOS Y GIROS		
OBJETIVOS DE ETAPA	K, B, M, A, C							
METODOLOGÍA	DESCUBRIMIENTO GUIADO RESOLUCIÓN DE PROBLEMAS LIBRE EXPLORACIÓN							
EF01.02.04	Muestra interés hacia una mejora global en cuanto al manejo de acciones donde se implique alguna capacidad física básica.	A	CM	Observación/ Seguimiento
EF02.02.01	Conoce y utiliza las habilidades y destrezas básicas para resolver determinadas acciones motrices.	B	AA	Prueba Práctica
EF02.02.04	Realiza y coordina de forma equilibrada las fases del salto.	B	AA	Prueba Práctica
EF02.02.05	Gira sobre los ejes corporales en diferentes posiciones y adaptándose a la necesidad de la acción motriz.	I	AA	Prueba Práctica
EF02.02.06	Toma conciencia de la importancia de un correcto desarrollo de las habilidades básicas motrices.	A	AA	Observación/ Seguimiento
EF02.04.01	Combina de forma natural dos o más habilidades básicas.	B	AA	Prueba Práctica
EF02.04.03	Consolida los elementos fundamentales en la ejecución de desplazamientos, saltos y giros.	I	AA	Prueba Práctica
EF02.04.04	Utiliza de forma eficaz las habilidades motrices básicas en medios y situaciones estables y conocidas.	I	AA	Prueba Práctica
EF02.06.06	Utiliza y combina distintas habilidades básicas sencillas en juegos y actividades deportivas.	B	AA	Observación/ Seguimiento

FICHA DE SEGUIMIENTO DE LA U.D.7

Unidad Didáctica Nº: 7	SALTOS Y GIROS	CURSO	3º

ALUMNADO	ESTÁNDARES	EF01.01.02	EF01.03.01	EF01.03.02	EF01.03.03	EF01.03.04	EF01.03.05	EF01.03.06	EF02.03.01	EF02.03.02	EF02.03.03	EF01.02.02	EF01.02.03	EF01.02.04	EF02.02.01	EF02.02.04	EF02.02.05	EF02.02.06	EF02.04.01	EF02.04.03	EF02.04.04	EF02.06.06
1																						
2																						
3																						
4																						
5																						
6																						
7																						
8																						
9																						
10																						
11																						
12																						
13																						
14																						
15																						
17																						
16																						

ASEO	EF01.01.02	A	Respeto (maestro)	EF01.03.05	RM
Respeto (normas clase)	EF01.03.01	RNC	Beneficios - Salud	EF01.03.06	BS
Seguridad y prevención	EF01.03.02	S			
Compañerismo - Deportividad	EF01.03.03	C	Falta de Asistencia		F
Cuidado Material	EF01.03.04 EF02.03.03	M	Respeto (normas juegos)	EF02.03.01 EF02.03.02	RNJ

FRANCISCO INIESTA PEREZ

U.D. Nº 8	CURSO: 3º	Alumnos:	12 SESIONES	2º TRIMESTRE	MARZO	LANZAMIENTOS Y RECEPCIONES (COORDINACIONES)
OBJETIVOS DE ETAPA	K, B, M, A, C					
RECURSOS: Instalaciones y material		Pelotas de diferentes tamaños y pesos, balones de voleibol, pañuelos, aros, picas, conos, balones, bancos suecos, petos...	METODOLOGÍA	DESCUBRIMIENTO GUIADO RESOLUCIÓN DE PROBLEMAS LIBRE EXPLORACIÓN	ACTIVIDADES	Juegos de manipulación de objetos, para el desarrollo de la coordinación óculo-manual y óculo-pédica. Juegos de malabares. Práctica de habilidades de lanzamientos y recepciones en situaciones de juego.
CONTENIDOS		Acondicionamiento físico orientado a la mejora de la ejecución de las habilidades motrices y de las capacidades físicas orientadas a la salud. Prevención de lesiones en la actividad física. Calentamiento, dosificación del esfuerzo y recuperación. Utilización eficaz de las habilidades básicas en medios y situaciones conocidas y estables. Propuesta y resolución de problemas motores sencillos. Interés por mejorar la competencia motriz, valoración del esfuerzo personal en la actividad física. Disposición favorable a participar en actividades motrices diversas, reconociendo y aceptando las diferencias individuales en el nivel de habilidad.				

ESTÁNDARES DE APRENDIZAJE	P	CC	INSTRUMENTOS DE EVALUACIÓN
EF01.01.02	Se asea adecuadamente y utiliza vestimenta apropiada para el ejercicio físico.	B	CS	Registro
EF01.03.01	Conoce y respeta las normas y funcionamiento de la clase, así como del uso correcto y seguro de espacios y materiales.	B	CS	Registro
EF01.03.02	Conoce y aplica las medidas básicas de seguridad y de prevención de accidentes en la práctica de los juegos y actividad física.	I	CS	Registro
EF01.03.03	Acepta las diferencias individuales y del grupo, y actúa consecuentemente para favorecer un clima adecuado.	I	CS	Registro
EF01.03.04	Toma conciencia de la necesidad y el deber de cuidar todo el material e instalaciones deportivas.	B	CS	Registro
EF01.03.05	Respeta y reconoce las decisiones del maestro y de sus compañeros, así como el resultado del juego, expresando adecuadamente sus impresiones.	B	CS	Registro
EF01.03.06	Toma conciencia de la importancia existente entre los beneficios de la actividad física y la salud	I	CS	Registro
EF02.03.01	Conoce las normas de participación y funcionamiento de la clase y las aplica durante los juegos y práctica deportiva.	B	CS	Registro
EF02.03.02	Respeta las normas y reglas de juego, manteniendo una conducta respetuosa, deportiva y que no perjudique el desarrollo de la actividad.	B	CS	Registro
EF02.03.03	Valora la importancia del cuidado del material deportivo, así como las instalaciones donde se realiza la actividad física.	B	CS	Registro
EF01.02.02	Es capaz de realizar una actividad de nivel moderado-vigoroso en una duración entre 6' y 8'.	I	CM	Observación/ Seguimiento
EF01.02.03	Adapta las intensidades que requieran la duración de las tareas para mantenerse activo durante toda la clase.	I	CM	Observación/ Seguimiento
EF01.02.04	Muestra interés hacia una mejora global en cuanto al manejo de acciones donde se implique alguna capacidad física básica.	A	CM	Observación/ Seguimiento
EF02.02.01	Conoce y utiliza las habilidades y destrezas básicas para resolver determinadas acciones motrices.	B	AA	Prueba Práctica

U.D. Nº 8	CURSO: 3º	Alumnos:	12 SESIONES	2º TRIMESTRE	MARZO	LANZAMIENTOS Y RECEPCIONES (COORDINACIONES)		
OBJETIVOS DE ETAPA	K, B, M, A, C		METODOLOGÍA	DESCUBRIMIENTO GUIADO RESOLUCIÓN DE PROBLEMAS LIBRE EXPLORACIÓN				
EF02.02.06	Toma conciencia de la importancia de un correcto desarrollo de las habilidades básicas motrices.					A	AA	Observación/ Seguimiento
EF02.04.01	Combina de forma natural dos o más habilidades básicas.					B	AA	Prueba Práctica
EF02.04.04	Utiliza de forma eficaz las habilidades motrices básicas en medios y situaciones estables y conocidas.					I	AA	Prueba Práctica
EF02.04.05	Es capaz de mejorar la coordinación de las formas básicas de las habilidades y destrezas motoras, expresando oralmente su proceso.					A	CL	Observación/ Seguimiento
EF02.06.06	Utiliza y combina distintas habilidades básicas sencillas en juegos y actividades deportivas.					B	AA	Observación/ Seguimiento

FICHA DE SEGUIMIENTO DE LA U.D.8

Unidad Didáctica Nº: 8	LANZAMIENTOS Y RECEPCIONES (COORDINACIONES)	CURSO	3º

ALUMNADO	ESTÁNDARES	EF01.01.02	EF01.03.01	EF01.03.02	EF01.03.03	EF01.03.04	EF01.03.05	EF01.03.06	EF02.03.01	EF02.03.02	EF02.03.03	EF01.02.02	EF01.02.03	EF01.02.04	EF02.02.01	EF02.02.06	EF02.04.01	EF02.04.04	EF02.04.05	EF02.06.06
1																				
2																				
3																				
4																				
5																				
6																				
7																				
8																				
9																				
10																				
11																				
12																				
13																				
14																				
15																				
17																				
16																				

ASEO	EF01.01.02	A	Respeto (maestro)	EF01.03.05	RM
Respeto (normas clase)	EF01.03.01	RNC	Beneficios - Salud	EF01.03.06	BS
Seguridad y prevención	EF01.03.02	S			
Compañerismo - Deportividad	EF01.03.03	C	Falta de Asistencia		F
Cuidado Material	EF01.03.04 EF02.03.03	M	Respeto (normas juegos)	EF02.03.01 EF02.03.02	RNJ

U.D. Nº 9	CURSO: 3º	Alumnos:	9 SESIONES	TERCER TRIMESTRE	ABRIL			
OBJETIVOS DE ETAPA	K, J, B, M, A, C				**JUEGOS POPULARES**			
RECURSOS: Instalaciones y material	Pabellón, pista. Sogas, peonzas, pañuelos, zancos, chapas, sacos, sogas, petos, chapas, canicas, tizas, cartulinas, tizas...		METODOLOGÍA	DESCUBRIMIENTO GUIADO RESOLUCIÓN DE PROBLEMAS LIBRE EXPLORACIÓN				
			ACTIVIDADES	Juegos de cooperación. Juegos populares de nuestra región. Juegos de otros países o regiones. Investigación y práctica de juegos de nuestros padres y abuelos.				
CONTENIDOS	Resistencia cardiovascular. Experimentación de diferentes actividades aeróbicas globales, de intensidades y duraciones variables y adaptadas Resistencia cardiovascular. Experimentación de diferentes actividades aeróbicas globales, de intensidades y duraciones variables y adaptadas El juego y el deporte como elementos de la realidad social. Juegos populares, tradicionales y autóctonos de Castilla – La Mancha. Práctica de juegos tradicionales, cooperativos y tradicionales propios del entorno y de distintas culturas. Práctica de juegos y deportes alternativos. Participación de actividades en el medio natural desarrollando habilidades básicas en entornos no habituales.							

	ESTÁNDARES DE APRENDIZAJE	P	CC	INSTRUMENTOS DE EVALUACIÓN
EF01.01.02	Se asea adecuadamente y utiliza vestimenta apropiada para el ejercicio físico.	B	CS	Registro
EF01.03.01	Conoce y respeta las normas y funcionamiento de la clase, así como del uso correcto y seguro de espacios y materiales.	B	CS	Registro
EF01.03.02	Conoce y aplica las medidas básicas de seguridad y de prevención de accidentes en la práctica de los juegos y actividad física.	I	CS	Registro
EF01.03.03	Acepta las diferencias individuales y del grupo, y actúa consecuentemente para favorecer un clima adecuado.	I	CS	Registro
EF01.03.04	Toma conciencia de la necesidad y el deber de cuidar todo el material e instalaciones deportivas.	B	CS	Registro
EF01.03.05	Respeta y reconoce las decisiones del maestro y de sus compañeros, así como el resultado del juego, expresando adecuadamente sus impresiones.	B	CS	Registro
EF01.03.06	Toma conciencia de la importancia existente entre los beneficios de la actividad física y la salud	I	CS	Registro
EF02.03.01	Conoce las normas de participación y funcionamiento de la clase y las aplica durante los juegos y práctica deportiva.	B	CS	Registro
EF02.03.02	Respeta las normas y reglas de juego, manteniendo una conducta respetuosa, deportiva y que no perjudique el desarrollo de la actividad.	B	CS	Registro
EF02.03.03	Valora la importancia del cuidado del material deportivo, así como las instalaciones donde se realiza la actividad física.	B	CS	Registro
EF02.05.01	Resuelve estrategias sencillas y básicas de forma coordinada y eficaz.	B	AA	Prueba Práctica
EF02.05.02	Mejora globalmente las capacidades físicas básicas a través del juego, interiorizando y aprendiendo a valorar la importancia de las mismas.	B	AA	Observación/ Seguimiento
EF02.05.03	Aplica las relaciones topológicas básicas a formas jugadas y ayuda a los compañeros a través de indicaciones y gestos a realizar las acciones más adecuadas.	B	CS	Observación/ Seguimiento
EF02.05.04	Utiliza y combina eficazmente las habilidades motrices básicas en los juegos, mejorando el dominio corporal en movimiento.	I	AA	Observación/ Seguimiento
EF02.05.05	Acepta las reglas y normas de los juegos, colaborando en un correcto desarrollo y desenvolvimiento de los mismos.	B	CS	Observación/ Seguimiento

U.D. Nº 9	CURSO: 3º	Alumnos:	9 SESIONES	TERCER TRIMESTRE	ABRIL			JUEGOS POPULARES
OBJETIVOS DE ETAPA	K, J, B, M, A, C		METODOLOGÍA	DESCUBRIMIENTO GUIADO RESOLUCIÓN DE PROBLEMAS LIBRE EXPLORACIÓN				
EF02.05.06	Coopera positivamente y respeta la participación de todos sus compañeros, rechazando comportamientos antisociales.					B	CS	Observación/ Seguimiento
EF02.06.01	Conoce y valora los diversos tipos de ejercicios físicos, juegos y actividades deportivas.					B	AA	Ficha/Portfolio
EF02.06.03	Practica distintas actividades lúdicas y deportivas.					B	SI	Observación/ Seguimiento
EF02.06.05	Explora y descubre estrategias básicas del juego en relación a acciones cooperativas, de oposición y de cooperación-oposición, participando activamente.					I	AA	Observación/ Seguimiento
EF02.07.01	Conoce y practica diferentes juegos populares, tradicionales y autóctonos de Castilla - La Mancha, apreciando este tipo de juegos como un importante elemento social y cultural.					B	CC	Observación/ Seguimiento
EF02.07.02	Ejecuta coordinadamente y de forma equilibrada juegos populares, tradicionales y autóctonos, aplicando las habilidades básicas y manejando objetos y materiales propios de éstos.					B	CC	Observación/ Seguimiento

FICHA DE SEGUIMIENTO DE LA U.D.9

Unidad Didáctica Nº: 9	JUEGOS POPULARES	CURSO	3º

ALUMNADO	ESTÁNDARES	EF01.01.02	EF01.03.01	EF01.03.02	EF01.03.03	EF01.03.04	EF01.03.05	EF01.03.06	EF02.03.01	EF02.03.02	EF02.03.03	EF02.05.01	EF02.05.02	EF02.05.03	EF02.05.04	EF02.05.05	EF02.05.06	EF02.06.01	EF02.06.03	EF02.06.05	EF02.07.01	EF02.07.02
1																						
2																						
3																						
4																						
5																						
6																						
7																						
8																						
9																						
10																						
11																						
12																						
13																						
14																						
15																						
17																						
16																						

ASEO	EF01.01.02	A	Respeto (maestro)	EF01.03.05	RM
Respeto (normas clase)	EF01.03.01	RNC	Beneficios - Salud	EF01.03.06	BS
Seguridad y prevención	EF01.03.02	S			
Compañerismo - Deportividad	EF01.03.03	C	Falta de Asistencia		F
Cuidado Material	EF01.03.04 EF02.03.03	M	Respeto (normas juegos)	EF02.03.01 EF02.03.02	RNJ

FRANCISCO INIESTA PEREZ

U.D. Nº 10	CURSO: 3º	Alumnos:	TERCER TRIMESTRE	MAYO	DEPORTES ALTERNATIVOS
OBJETIVOS DE ETAPA	K, B, M, A, C	10 SESIONES			

METODOLOGÍA	DESCUBRIMIENTO GUIADO RESOLUCIÓN DE PROBLEMAS LIBRE EXPLORACIÓN

RECURSOS: Instalaciones y material

Pabellón. Sticks de floorball, indiacas, conos, picas, petos, pañuelos, aros, pelotas de tenis, bates de béisbol, palas...

ACTIVIDADES

Juegos con diferentes materiales alternativos: indiacas, floorball, paracaídas, discos voladores,...

CONTENIDOS

Aprecio del juego y las actividades deportivas como medio de disfrute, de relación y de empleo satisfactorio del tiempo de ocio. El juego y el deporte como fenómenos sociales y culturales. Investigación y práctica. Reconocimiento e identificación de diferentes juegos: tradicional, cooperativo, alternativo y deportes: individuales, colectivos, alternativos y en el medio natural. Tipos de juegos y actividades deportivas. Realización de juegos y de actividades deportivas, con o sin implemento, de diversas modalidades y dificultad creciente. Práctica de juegos tradicionales, cooperativos, y de distintas culturas. Participación en juegos e iniciación a la práctica de actividades deportivas. Descubrimiento y utilización de estrategias básicas de cooperación, oposición y cooperación-oposición en la práctica de juegos motores.

	ESTÁNDARES DE APRENDIZAJE	P	CC	INSTRUMENTOS DE EVALUACIÓN
EF01.01.02	Se asea adecuadamente y utiliza vestimenta apropiada para el ejercicio físico.	B	CS	Registro
EF01.03.01	Conoce y respeta las normas y funcionamiento de la clase, así como del uso correcto y seguro de espacios y materiales.	B	CS	Registro
EF01.03.02	Conoce y aplica las medidas básicas de seguridad y de prevención de accidentes en la práctica de los juegos y actividad física.	I	CS	Registro
EF01.03.03	Acepta las diferencias individuales y del grupo, y actúa consecuentemente para favorecer un clima adecuado.	I	CS	Registro
EF01.03.04	Toma conciencia de la necesidad y el deber de cuidar todo el material e instalaciones deportivas.	B	CS	Registro
EF01.03.05	Respeta y reconoce las decisiones del maestro y de sus compañeros, así como el resultado del juego, expresando adecuadamente sus impresiones.	B	CS	Registro
EF01.03.06	Toma conciencia de la importancia existente entre los beneficios de la actividad física y la salud	I	CS	Registro
EF02.03.01	Conoce las normas de participación y funcionamiento de la clase y las aplica durante los juegos y práctica deportiva.	B	CS	Registro
EF02.03.02	Respeta las normas y reglas de juego, manteniendo una conducta respetuosa, deportiva y que no perjudique el desarrollo de la actividad.	B	CS	Registro
EF02.03.03	Valora la importancia del cuidado del material deportivo, así como las instalaciones donde se realiza la actividad física.	B	CS	Registro
EF02.05.01	Resuelve estrategias sencillas y básicas de forma coordinada y eficaz.	B	AA	Prueba Práctica
EF02.05.02	Mejora globalmente las capacidades físicas básicas a través del juego, interiorizando y aprendiendo a valorar la importancia de las mismas.	B	AA	Observación/ Seguimiento
EF02.05.03	Aplica las relaciones topológicas básicas a formas jugadas y ayuda a los compañeros a través de indicaciones y gestos a realizar las acciones más adecuadas.	B	CS	Observación/ Seguimiento
EF02.05.04	Utiliza y combina eficazmente las habilidades motrices básicas en los juegos, mejorando el dominio corporal en movimiento.	I	AA	Observación/ Seguimiento

U.D. Nº 10	CURSO: 3º	Alumnos: ___	10 SESIONES	TERCER TRIMESTRE	MAYO	DEPORTES ALTERNATIVOS		
OBJETIVOS DE ETAPA	K, B, M, A, C		METODOLOGÍA	DESCUBRIMIENTO GUIADO RESOLUCIÓN DE PROBLEMAS LIBRE EXPLORACIÓN				
EF02.05.05	Acepta las reglas y normas de los juegos, colaborando en un correcto desarrollo y desenvolvimiento de los mismos.					B	CS	Observación/ Seguimiento
EF02.05.06	Coopera positivamente y respeta la participación de todos sus compañeros, rechazando comportamientos antisociales.					B	CS	Observación/ Seguimiento
EF02.06.01	Conoce y valora los diversos tipos de ejercicios físicos, juegos y actividades deportivas.					B	AA	Ficha/Portfolio
EF02.06.03	Practica distintas actividades lúdicas y deportivas.					B	SI	Observación/ Seguimiento
EF02.06.04	Aplica diferentes habilidades motrices de forma correcta en la práctica de juegos y deportes alternativos.					B	AA	Observación/ Seguimiento
EF02.06.05	Explora y descubre estrategias básicas del juego en relación a acciones cooperativas, de oposición y de cooperación-oposición, participando activamente.					I	AA	Observación/ Seguimiento
EF02.07.03	Practica juegos y actividades en el medio urbano, natural o al aire libre.					B	CM	Observación/ Seguimiento
EF02.07.04	Muestra una actitud de respeto y consideración hacia el medio ambiente, colaborando con la conservación en la práctica de la actividad física.					B	CS	Observación/ Seguimiento

FICHA DE SEGUIMIENTO DE LA U.D.10

Unidad Didáctica Nº: 10	DEPORTES ALTERNATIVOS	CURSO	3º

ALUMNADO	ESTÁNDARES	EF01.01.02	EF01.03.01	EF01.03.02	EF01.03.03	EF01.03.04	EF01.03.05	EF01.03.06	EF02.03.01	EF02.03.02	EF02.03.03	EF02.05.01	EF02.05.02	EF02.05.03	EF02.05.04	EF02.05.05	EF02.05.06	EF02.06.01	EF02.06.03	EF02.06.04	EF02.06.05	EF02.07.03	EF02.07.04
1																							
2																							
3																							
4																							
5																							
6																							
7																							
8																							
9																							
10																							
11																							
12																							
13																							
14																							
15																							
17																							
16																							

ASEO	EF01.01.02	A	Respeto (maestro)	EF01.03.05	RM
Respeto (normas clase)	EF01.03.01	RNC	Beneficios - Salud	EF01.03.06	BS
Seguridad y prevención	EF01.03.02	S			
Compañerismo - Deportividad	EF01.03.03	C	Falta de Asistencia		F
Cuidado Material	EF01.03.04 EF02.03.03	M	Respeto (normas juegos)	EF02.03.01 EF02.03.02	RNJ

U.D. Nº 11	CURSO: 3º	Alumnos:	TERCER TRIMESTRE	JUNIO	
OBJETIVOS DE ETAPA	K, J, B, M, A, C			**EXPRESIÓN CORPORAL**	
RECURSOS: Instalaciones y material	Pabellón. Aros, pañuelos, fichas, cartulinas, ordenador portátil, altavoces, cuerdas, petos, bancos suecos, picas, conos, pelotas,...		6 SESIONES	METODOLOGÍA	DESCUBRIMIENTO GUIADO RESOLUCIÓN DE PROBLEMAS LIBRE EXPLORACIÓN
			ACTIVIDADES	Creación e interpretación de situaciones cotidianas. Improvisación de personajes en propuestas grupales. Dramatizaciones sencillas en equipo. Realización de bailes de diferente tipo,....	
CONTENIDOS	Expresión de emociones y sentimientos a través del cuerpo, el gesto y el movimiento. Comprensión de mensajes corporales. Recreación en distintos contextos dramáticos de personajes reales y ficticios. Recreación en distintos contextos dramáticos de personajes reales y ficticios. Utilización de los objetos y materiales y sus posibilidades en la expresión. Realización de acciones corporales improvisadas Disfrute mediante la expresión y comunicación a través del propio cuerpo. Participación en situaciones que supongan comunicación corporal. Valoración de las diferencias en el modo de expresarse.				

	ESTÁNDARES DE APRENDIZAJE	P	CC	INSTRUMENTOS DE EVALUACIÓN
EF01.01.02	Se asea adecuadamente y utiliza vestimenta apropiada para el ejercicio físico.	B	CS	Registro
EF01.03.01	Conoce y respeta las normas y funcionamiento de la clase, y el uso correcto y seguro de espacios y materiales.	B	CS	Registro
EF01.03.02	Conoce y aplica las medidas básicas de seguridad y de prevención de accidentes en la práctica de actividad física.	I	CS	Registro
EF01.03.03	Acepta las diferencias individuales y del grupo, y actúa consecuentemente para favorecer un clima adecuado.	I	CS	Registro
EF01.03.04	Toma conciencia de la necesidad y el deber de cuidar todo el material e instalaciones deportivas.	B	CS	Registro
EF01.03.05	Respeta y reconoce las decisiones del maestro y de sus compañeros, así como el resultado del juego,...	B	CS	Registro
EF01.03.06	Toma conciencia de la importancia existente entre los beneficios de la actividad física y la salud	I	CS	Registro
EF02.03.01	Conoce las normas de participación y funcionamiento de la clase y las aplica durante los juegos y práctica deportiva.	B	CS	Registro
EF02.03.02	Respeta las normas y reglas de juego, manteniendo una conducta respetuosa, deportiva,...	B	CS	Registro
EF02.03.03	Valora la importancia del cuidado del material deportivo, así como las instalaciones donde se realiza la actividad.	I	CS	Registro
EF03.01.03	Practica danzas y bailes propios de Castilla - La Mancha y otros conocidos, de forma sencilla.	I	CC	Observación/ Seguimiento
EF03.01.04	Reproduce un ritmo sencillo dado a partir de diferentes habilidades motrices, utilizando su cuerpo y/u objetos e/o implementos.	B	CC	Observación/ Seguimiento
EF03.01.05	Valora los recursos expresivos y musicales propios y de los demás y sabe interpretarlos.	B	CC	Observación/ Seguimiento
EF03.02.01	Conoce y valora las posibilidades expresivas y comunicativas corporales, mostrando desinhibición en sus representaciones.	I	CC	Observación/ Seguimiento
EF03.02.02	Utiliza diversos objetos y materiales para exteriorizar mensajes.	B	CL	Prueba Práctica
EF03.02.03	Interpreta gestos y representaciones de los demás comprendiendo el lenguaje expresivo corporal.	B	CL	Observación/ Seguimiento
EF03.02.04	Es espontáneo, creativo y tiene la capacidad de improvisar en un contexto determinado.	I	AA	Observación/ Seguimiento
EF03.02.05	Participa en manifestaciones expresivas con desinhibición, emotividad y sentimientos a través del cuerpo, el gesto y el movimiento.	I	CC	Observación/ Seguimiento

FICHA DE SEGUIMIENTO DE LA U.D.11

Unidad Didáctica Nº: 11	EXPRESIÓN CORPORAL	CURSO	3º

ALUMNADO	ESTÁNDARES	EF01.01.02	EF01.03.01	EF01.03.02	EF01.03.03	EF01.03.04	EF01.03.05	EF01.03.06	EF02.03.01	EF02.03.02	EF02.03.03	EF03.01.03	EF03.01.04	EF03.01.05	EF03.02.01	EF03.02.02	EF03.02.03	EF03.02.04	EF03.02.05
1																			
2																			
3																			
4																			
5																			
6																			
7																			
8																			
9																			
10																			
11																			
12																			
13																			
14																			
15																			
17																			
16																			

ASEO	EF01.01.02	A	Respeto (maestro)	EF01.03.05	RM
Respeto (normas clase)	EF01.03.01	RNC	Beneficios - Salud	EF01.03.06	BS
Seguridad y prevención	EF01.03.02	S			
Compañerismo - Deportividad	EF01.03.03	C	Falta de Asistencia		F
Cuidado Material	EF01.03.04 EF02.03.03	M	Respeto (normas juegos)	EF02.03.01 EF02.03.02	RNJ

U.D. Nº 12	CURSO: 3ºB	Alumnos: 15	TODO EL CURSO	
OBJETIVOS DE ETAPA	K, B, M, A, C, I			**HIGIENE Y SALUD**

METODOLOGÍA	DESCUBRIMIENTO GUIADO RESOLUCIÓN DE PROBLEMAS LIBRE EXPLORACIÓN

RECURSOS: Instalaciones y material	Pabellón, patio, aula, fichas, toallitas, ropa deportiva, material propio de E.F.,...

ACTIVIDADES	Explicaciones teóricas. Fichas y trabajos de investigación. Actividades y juegos. Simulaciones.

CONTENIDOS	El cuidado del cuerpo. Adquisición de hábitos posturales y alimentarios saludables relacionados con la actividad física y consolidación de hábitos de higiene corporal. Relación de la actividad física con la salud y el bienestar. Reconocimiento y actitud favorable de los beneficios de la actividad física en la salud. Medidas básicas de seguridad en la práctica de la actividad física, con relación al entorno. Uso correcto y respetuoso de materiales y espacios. Acondicionamiento físico orientado a la mejora de la ejecución de las habilidades motrices y de las capacidades físicas orientadas a la salud. Prevención de lesiones en la actividad física. Calentamiento, dosificación del esfuerzo y recuperación. Actitud favorable hacia la actividad física en relación a la salud. Iniciativa e interés por el cuidado del cuerpo y mantenimiento de la salud. Hábitos saludables en relación a la alimentación y el calentamiento.

	ESTÁNDARES DE APRENDIZAJE	P	CC	INSTRUMENTOS DE EVALUACIÓN
EF01.01.01	Conoce las rutinas básicas y necesarias para la práctica de la actividad deportiva.	B	SI	Observación/ Seguimiento
EF01.01.02	Se asea adecuadamente y utiliza vestimenta apropiada para el ejercicio físico.	B	CS	Registro
EF01.01.03	Reconoce los alimentos básicos y necesarios para una equilibrada alimentación.	A	CM	Observación/ Control Desayuno
EF01.01.04	Toma conciencia de la importancia de los correctos hábitos posturales para la salud y tiene conocimiento de los malos.	I	CS	Observación/ Seguimiento
EF01.02.01	Conoce las capacidades físicas básicas y reconoce alguna actividad para mejorarlas.	A	CM	Portfolio
EF01.04.01	Utiliza la lectura y las nuevas tecnologías para obtener la información que se le solicita.	A	CD	Portfolio
EF01.04.02	Busca información y comunica sus conclusiones respetando las opiniones de los demás.	I	CS	Portfolio/Obs.
EF01.04.03	Fomenta la comprensión lectora como medio de búsqueda e intercambio de información y de comprensión.	A	CL	Portfolio

FICHA DE SEGUIMIENTO DE LA U.D.12

Unidad Didáctica Nº: 12	HIGIENE Y SALUD	CURSO	3º

ALUMNADO	ESTÁNDARES	EF01.01.01	EF01.01.02	EF01.01.03	EF01.01.04	EF01.02.01	EF01.04.01	EF01.04.02	EF01.04.03						
1															
2															
3															
4															
5															
6															
7															
8															
9															
10															
11															
12															
13															
14															
15															
16															
17															
18															
19															
20															

NO CONSEGUIDO	ACEPTABLE	BUENO	MUY BUENO	EXCELENTE
1	2	3	4	5

Al ser una Unidad Didáctica que se trabaja a lo largo de todo el curso, la nota final de la unidad aparecerá en la tercera evaluación, por lo que no habrá nota parcial en las evaluaciones anteriores. No obstante, a lo largo del curso se pueden ir haciendo anotaciones, observación y evaluación de estos estándares.

1.4. RÚBRICAS

Las rúbricas son un ejemplo de escalas de observación, las cuales evalúan el nivel de logro conseguido en el estándar de aprendizaje evaluado. En Castilla-La Mancha este nivel de logro se valora del 1 al 5, siendo 1 como no conseguido y 5 el valor máximo.

A continuación, se muestran, a modo de ejemplo, algunas de las rúbricas que pueden ser utilizadas por el maestro de Educación Física para evaluar las pruebas prácticas de cada Unidad Didáctica.

El uso de rúbricas no tiene carácter obligatorio dentro de la E.F., pero su utilización si que puede resultar muy útil para la evaluación de muchos de los estándares, fundamentalmente con aquellos que se asocia una prueba práctica o motriz.

3º PRIMARIA – RÚBRICA GENERAL

Todos los estándares actitudinales se valoran en cada sesión. Cada negativo en estos estándares se irá restando a la valoración final, de tal manera que con cuatro faltas en la unidad se valorará como insuficiente para ese estándar.

ESTÁNDAR		NIVEL 1 NO ACEPTABLE	NIVEL 2 ACEPTABLE	NIVEL 3 BUENO	NIVEL 4 MUY BUENO	NIVEL 5 EXCELENTE
EF01.01.02	Se asea adecuadamente y utiliza vestimenta apropiada para el ejercicio físico.	TIENE REGISTRADO 4 NEGATIVOS O MAS	TIENE REGISTRADO 3 NEGATIVOS	TIENE REGISTRADO 2 NEGATIVOS	TIENE REGISTRADO 1 NEGATIVO	NO TIENE REGISTRADO NINGÚN NEGATIVO
EF01.03.01	Conoce y respeta las normas y funcionamiento de la clase, así como del uso correcto y seguro de espacios y materiales.					
EF01.03.02	Conoce y aplica las medidas básicas de seguridad y de prevención de accidentes en la práctica de los juegos y actividad física.					
EF01.03.03	Acepta las diferencias individuales y del grupo, y actúa consecuentemente para favorecer un clima adecuado.					
EF01.03.04	Toma conciencia de la necesidad y el deber de cuidar todo el material e instalaciones deportivas.					
EF01.03.05	Respeta y reconoce las decisiones del maestro y de sus compañeros, así como el resultado del juego, expresando adecuadamente sus impresiones.					
EF01.03.06	Toma conciencia de la importancia existente entre los beneficios de la actividad física y la salud					
EF02.03.01	Conoce las normas de participación y funcionamiento de la clase y las aplica durante los juegos y práctica deportiva.					
EF02.03.02	Respeta las normas y reglas de juego, manteniendo una conducta respetuosa, deportiva y que no perjudique el desarrollo de la actividad.					
EF02.03.03	Valora la importancia del cuidado del material deportivo, así como las instalaciones donde se realiza la actividad física.					

3º PRIMARIA – RÚBRICA
ESQUEMA CORPORAL – PRUEBA PRÁCTICA

La Prueba Práctica consistirá en la superación de una serie de pruebas donde el alumno debe nombrar y señalar diferentes partes de su cuerpo.

También se pasará una prueba para el conocimiento y diferenciación de la izquierda y derecha propia, y en lados opuestos.

ESTÁNDAR		NIVEL 1 NO ACEPTABLE	NIVEL 2 ACEPTABLE	NIVEL 3 BUENO	NIVEL 4 MUY BUENO	NIVEL 5 EXCELENTE
EF02.01.01	Conoce e identifica los músculos, huesos y articulaciones básicos del cuerpo en la figura humana.	Nombra y señala 2 partes o menos.	Nombra y señala 3-4 partes que se le indican.	Nombra y señala 5-6 partes que se le indican.	Nombra y señala 7-8 partes que se le indican.	Nombra y señala todas las partes que se le indican.

3º PRIMARIA – RÚBRICA
PERCEPCIÓN ESPACIAL – PRUEBA PRÁCTICA

La 1ª Prueba Práctica consistirá en la ubicación del alumno en el espacio respecto a sí mismo, a sus compañeros y algunos objetos: izquierda, derecha, delante, detrás, dentro, fuera.

La 2ª prueba consistirá en recorrer el espacio que se solicita orientándose bien con respecto a lo que se indica: desplazarse hasta un cono, carrera de relevos, circuito...

ESTÁNDAR		NIVEL 1 NO ACEPTABLE	NIVEL 2 ACEPTABLE	NIVEL 3 BUENO	NIVEL 4 MUY BUENO	NIVEL 5 EXCELENTE
EF02.01.02	Se orienta en el espacio respecto a sí mismo, respecto a otros y en relación con los objetos.	No se orienta respecto a sí mismo, ni con objetos.	Se orienta bien 2 veces respecto a sí mismo, compañeros y con objetos.	Se orienta bien 3 veces respecto a sí mismo, compañeros y con objetos.	Se orienta bien 4 veces respecto a sí mismo, compañeros y con objetos.	Se orienta bien siempre respecto a sí mismo, compañeros y con objetos.
EF02.01.05	Aprecia las distancias adecuadas en cuanto al espacio y a un tiempo determinado que requiere la actividad propuesta.	No recorre el espacio adecuado.	Realiza el circuito 1 vez de forma correcta.	Realiza el circuito 2 veces de forma correcta.	Realiza el circuito 3 veces de forma correcta.	Realiza el circuito todas las veces bien

3º PRIMARIA – RÚBRICA
PERCEPCIÓN TEMPORAL – PRUEBA PRÁCTICA

La 1ª Prueba Práctica consistirá en recorrer el espacio que se solicita orientándose bien con respecto a lo que se indica: desplazarse hasta un cono, carrera de relevos, circuito...

La 2ª prueba consistirá en representar o reproducir ritmos sencillos a través de la música o palmadas: rápido, lento, antes, después

ESTÁNDAR		NIVEL 1 NO ACEPTABLE	NIVEL 2 ACEPTABLE	NIVEL 3 BUENO	NIVEL 4 MUY BUENO	NIVEL 5 EXCELENTE
EF02.01.05	Aprecia las distancias adecuadas en cuanto al espacio y a un tiempo determinado que requiere la actividad propuesta.	No recorre el espacio adecuado.	Realiza el circuito 1 vez de forma correcta.	Realiza el circuito 2 veces de forma correcta.	Realiza el circuito 3 veces de forma correcta.	Realiza el circuito todas las veces bien
EF03.01.01	Conoce y desarrolla nociones asociadas al ritmo: antes, durante, después, cadencia y velocidad.	No se adapta al ritmo dado	Sigue el ritmo dado de forma aceptable.	Se adapta bien al ritmo dado.	Se adapta muy bien al ritmo dado.	Se adapta al ritmo dado de forma excelente.
EF03.01.02	Ejecuta pasos y movimientos sencillos adaptados a secuencias rítmicas en un espacio determinado.					

3º PRIMARIA – RÚBRICA
EQUILIBRIO – PRUEBA PRÁCTICA

La Prueba Práctica consistirá en la superación de un circuito de equilibrio adaptado al nivel del alumnado: Desplazamiento sobre banco sueco, banco sueco invertido, superación de obstáculos, desplazamiento sobre ladrillos, sobre superficies móviles...

El nivel conseguido se basará en la rapidez y la cantidad de apoyos en el suelo que se realice en dicho circuito.

ESTÁNDAR		NIVEL 1 NO ACEPTABLE	NIVEL 2 ACEPTABLE	NIVEL 3 BUENO	NIVEL 4 MUY BUENO	NIVEL 5 EXCELENTE
EF02.04.02	Mantiene el equilibrio en diferentes posiciones.	Lento y con apoyos constantes en el suelo	Velocidad lenta y realiza 3 apoyos en el suelo	Velocidad media realiza 2 apoyos	Velocidad media y realiza un apoyo	Velocidad normal y sin ningún apoyo

3º PRIMARIA – RÚBRICA
DESPLAZAMIENTOS – PRUEBA PRÁCTICA

La Prueba Práctica consistirá en la superación de un circuito de DESPLAZAMIENTOS adaptado al nivel del alumnado: saltos, desplazamientos de frente, espaldas, zig-zag, reptaciones, trepas, cuadrupedia,...

ESTÁNDAR		NIVEL 1 NO ACEPTABLE	NIVEL 2 ACEPTABLE	NIVEL 3 BUENO	NIVEL 4 MUY BUENO	NIVEL 5 EXCELENTE
EF02.02.01	Conoce y utiliza las habilidades y destrezas básicas para resolver determinadas acciones motrices.	REALIZA MAL CASI TODAS LAS PARTES DEL CIRCUITO, Y A VELOCIDAD POCO ADECUADA	REALIZA POCAS PARTES DEL CIRCUITO DE FORMA CORRECTA Y DE MANERA LENTA	REALIZA VARIAS PARTES DEL CIRCUITO DE FORMA CORRECTA, A VELOCIDAD NORMAL	REALIZA CASI TODO EL CIRCUITO DE FORMA CORRECTA Y CON BUENA VELOCIDAD	REALIZA TODO EL CIRCUITO DE FORMA CORRECTA Y CON RAPIDEZ
EF02.02.02	Se desplaza coordinadamente en diversos espacios y ante situaciones sin o con obstáculos, adaptándose a una ordenación temporal.					
EF02.02.03	Ejecuta de forma adecuada distintos tipos de desplazamiento: carrera, cuadrupedia, reptación...					
EF02.04.01	Combina de forma natural dos o más habilidades básicas.					
EF02.04.04	Utiliza de forma eficaz las habilidades motrices básicas en medios y situaciones estables y conocidas.					

2. EDUCACIÓN FÍSICA EN 4º DE EDUCACIÓN PRIMARIA

2.1. TEMPORALIZACIÓN ANUAL DE UNIDADES DIDÁCTICAS

Las Unidades Didácticas de E.F. que se desarrollarán a lo largo del curso en 4º de Educación Primaria, así como la temporalización de las mismas a lo largo de los tres trimestres, es la siguiente:

<table>
<tr><td rowspan="12">UNIDADES DIDÁCTICAS</td><td></td><td colspan="2">1º TRIMESTRE</td><td colspan="2">2º TRIMESTRE</td><td colspan="2">3º TRIMESTRE</td></tr>
<tr><td>1</td><td colspan="2">EVALUACIÓN INICIAL
SEPTIEMBRE</td><td></td><td></td><td></td><td></td></tr>
<tr><td>2</td><td colspan="2">ESQUEMA CORPORAL LATERALIDAD
OCTUBRE</td><td></td><td></td><td></td><td></td></tr>
<tr><td>3</td><td colspan="2">PERCEPCIÓN ESPACIAL II
OCT-NOV</td><td></td><td></td><td></td><td></td></tr>
<tr><td>4</td><td colspan="2">PERCEPCIÓN TEMPORAL II
NOVIEMBRE</td><td></td><td></td><td></td><td></td></tr>
<tr><td>5</td><td colspan="2">EQUILIBRIO II
DICIEMBRE</td><td></td><td></td><td></td><td></td></tr>
<tr><td>6</td><td></td><td></td><td colspan="2">DESPLAZAMIENTOS II
ENERO</td><td></td><td></td></tr>
<tr><td>7</td><td></td><td></td><td colspan="2">SALTOS Y GIROS II
FEBRERO</td><td></td><td></td></tr>
<tr><td>8</td><td></td><td></td><td colspan="2">LANZAMIENTOS Y RECEPCIONES II
MARZO</td><td></td><td></td></tr>
<tr><td>9</td><td></td><td></td><td></td><td></td><td colspan="2">JUEGOS POPULARES II
ABRIL</td></tr>
<tr><td>10</td><td></td><td></td><td></td><td></td><td colspan="2">DEPORTES ALTERNATIVOS II
MAYO</td></tr>
<tr><td>11</td><td></td><td></td><td></td><td></td><td colspan="2">EXPRESIÓN CORPORAL II
JUNIO</td></tr>
<tr><td>12</td><td colspan="6">HIGIENE Y SALUD – TODO EL CURSO</td></tr>
</table>

2.2. DISTRIBUCIÓN DE ESTÁNDARES DE APRENDIZAJE POR UNIDAD DIDÁCTICA

En la siguiente tabla se muestran los Estándares de Aprendizaje de Educación Física de 4º repartidos a lo largo de todo el curso escolar, por trimestre y divididos en 12 Unidades Didácticas.

Todos los estándares de aprendizaje se evalúan al menos una vez a lo largo del curso. No obstante, hay estándares que se evalúan en varias unidades, incluso hay estándares que están continuamente evaluándose, ya que se encuentran recogidos en todas las unidades, fundamentalmente son estándares que evalúan comportamientos y actitudes.

Además, basándonos en la **Resolución del 11/03/2015,** en esta tabla se señala la ponderación de cada estándar y la competencia clave con la que se asocia, así como el instrumento de evaluación con el que se evalúa dicho estándar.

EDUCACIÓN FÍSICA – 4º DE PRIMARIA

		P	CC	PRIMER TRIMESTRE					SEGUNDO TRIMESTRE			TERCER TRIMESTRE			TODO EL CURSO	INSTRUMENTOS DE EVALUACIÓN
				UD1	UD2	UD3	UD4	UD5	UD6	UD7	UD8	UD9	UD10	UD11	UD12	
EF01.01.01	Conoce las rutinas básicas y necesarias para la práctica de la actividad deportiva.	B	SI												X	Observación/ Seguimiento
EF01.01.02	Conoce las lesiones y enfermedades más comunes en la práctica deportiva, así como las acciones preventivas en la actividad física: calentamiento, dosificación del esfuerzo y recuperación y en el uso correcto de materiales y espacios.	A	CS												X	Portfolio
EF01.01.03	Realiza las tareas motrices evitando situaciones de riesgo o peligro ante posibles lesiones, identificando y previniendo cuáles son.	I	CS												X	Observación/ Seguimiento
EF01.01.04	Se asea adecuadamente y utiliza vestimenta apropiada para el ejercicio físico.	B	CS	X	X	X	X	X	X	X	X	X	X	X		Registro
EF01.01.05	Reconoce los alimentos básicos y necesarios para una equilibrada alimentación.	I	CM												X	Observación/ Control Desayuno
EF01.01.06	Toma conciencia de la importancia de los correctos hábitos posturales para la salud y tiene conocimiento de los malos.	I	CS												X	Observación/ Seguimiento
EF01.01.07	Valora la función del calentamiento y la vuelta a la calma como una parte necesaria en la sesión.	I	AA												X	Observación/ Seguimiento
EF01.02.01	Conoce las capacidades físicas básicas y reconoce alguna actividad para mejorarlas.	A	CM												X	Portfolio
EF01.02.02	Es capaz de realizar una actividad de nivel moderado-vigoroso en una duración entre 8' y 10'.	I	AA						X	X	X					Observación/ Seguimiento
EF01.02.03	Adapta las intensidades que requieran la duración de las tareas para mantenerse activo toda la clase.	I	AA						X	X	X					Observación/ Seguimiento
EF01.02.04	Identifica las capacidades físicas básicas como elementos necesarios para mantener y mejorar el estado de forma y salud.	A	CS												X	Portfolio

Código	Descripción	P	CC	PRIMER TRIMESTRE					SEGUNDO TRIMESTRE			TERCER TRIMESTRE			TODO EL CURSO	INSTRUMENTOS DE EVALUACIÓN
				UD1	UD2	UD3	UD4	UD5	UD6	UD7	UD8	UD9	UD10	UD11	UD12	
EF01.02.05	Es capaz de mantenerse activo y mejorar su implicación motriz en una propuesta de tareas orientadas a la mejora de la condición física.	B	AA						X	X	X					Observación/ Seguimiento
EF01.02.06	Muestra interés hacia una mejora global en cuanto al manejo de acciones donde se implique alguna capacidad física básica.	A	SI						X	X	X					Observación/ Seguimiento
EF01.03.01	Conoce y respeta las normas y el funcionamiento de la clase, así como del uso correcto y seguro de espacios y materiales.	B	CS	X	X	X	X	X	X	X	X	X	X	X		Registro
EF01.03.02	Conoce y aplica las medidas básicas de seguridad y de prevención de accidentes en la práctica de los juegos y actividad física.	I	CS	X	X	X	X	X	X	X	X	X	X	X		Registro
EF01.03.03	Cumple las normas referentes al cuidado del cuerpo con relación a la higiene y valora la importancia de las mismas.	B	CS												X	Observación/ Seguimiento
EF01.03.04	Acepta las diferencias individuales y del grupo, y actúa consecuentemente para favorecer un clima adecuado.	B	CS	X	X	X	X	X	X	X	X	X	X	X		Registro
EF01.03.05	Toma conciencia de la necesidad y el deber de cuidar todo el material e instalaciones deportivas.	B	CS	X	X	X	X	X	X	X	X	X	X	X		Registro
EF01.03.06	Respeta y reconoce las decisiones del maestro y de sus compañeros, así como el resultado del juego, expresando adecuadamente sus impresiones.	B	CS	X	X	X	X	X	X	X	X	X	X	X		Registro
EF01.03.07	Manifiesta actitud de respeto hacia el docente.	B	CS	X	X	X	X	X	X	X	X	X	X	X		Registro
EF01.03.08	Toma conciencia de la importancia existente entre los beneficios de la actividad física y la salud.	I	CS												X	Observación/ Seguimiento
EF01.04.01	Utiliza las nuevas tecnologías para localizar y extraer la información que se le solicita.	I	CD												X	Portfolio
EF01.04.02	Realiza trabajos sencillos relacionados con la Educación Física utilizando las tecnologías de la información y la comunicación.	I	CD												X	Portfolio

		P	CC	PRIMER TRIMESTRE					SEGUNDO TRIMESTRE			TERCER TRIMESTRE			TODOD EL CURSO	INSTRUMENTOS DE EVALUACIÓN
				UD1	UD2	UE3	UD4	UD5	UD6	UD7	UD8	UD9	UD10	UD11	UD12	
EF01.04.03	Expone sus ideas de forma coherente y se expresa de forma correcta en diferentes situaciones y respeta las opiniones de los demás.	B	CL	X	X	X	X	X	X	X	X	X	X	X		Observación/ Seguimiento
EF02.01.01	Conoce e identifica los músculos, huesos y articulaciones básicos del cuerpo en la figura humana.	B	CM		X											Prueba Práctica
EF02.01.02	Se orienta en el espacio respecto a sí mismo, respecto a otros y en relación con los objetos.	B	AA			X										Prueba Práctica
EF02.01.03	Toma conciencia corporal de las acciones motoras que va a realizar posteriormente.	I	SI		X											Observación/ Seguimiento
EF02.01.04	Conoce y valora la importancia de la respiración y relajación en su organismo.	I	CM		X											Observación/ Seguimiento
EF02.01.05	Aprecia las distancias adecuadas en cuanto al espacio y a un tiempo determinado que requiere la actividad propuesta.	B	AA			X	X									Prueba Práctica
EF02.02.01	Conoce y utiliza las habilidades y destrezas básicas para resolver determinadas acciones motrices.	B	AA						X	X	X					Prueba Práctica
EF02.02.02	Se desplaza coordinadamente en diversos espacios y ante situaciones sin o con obstáculos, adaptándose a una ordenación temporal.	B	AA						X							Prueba Práctica
EF02.02.03	Ejecuta eficazmente y con soltura distintos tipos de desplazamiento: carrera, cuadrupedia, reptación... y explora con nuevos desplazamientos.	B	AA						X							Prueba Práctica
EF02.02.04	Adapta los saltos a distintas situaciones y posibilidades: espacio, tiempo y obstáculos.	B	AA							X						Prueba Práctica
EF02.02.05	Realiza y coordina de forma equilibrada las fases del salto, interiorizando el proceso.	B	AA							X						Prueba Práctica
EF02.02.06	Gira sobre los ejes corporales en diferentes posiciones y adaptándose a la necesidad de la acción motriz, mejorando las formas de giro de forma progresiva.	I	AA							X						Prueba Práctica
EF02.02.07	Toma conciencia de la importancia de un correcto desarrollo de las habilidades básicas motrices.	A	CM						X	X	X					Observación/ Seguimiento

		P	CC	PRIMER TRIMESTRE					SEGUNDO TRIMESTRE			TERCER TRIMESTRE			TODO EL CURSO	INSTRUMENTOS DE EVALUACIÓN
				UD1	UD2	UD3	UD4	UD5	UD6	UD7	UD8	UD9	UD10	UD11	UD12	
EF02.03.01	Respeta y reconoce las decisiones del maestro y de sus compañeros, así como el resultado del juego, expresando adecuadamente sus impresiones.	B	CS	X	X	X	X	X	X	X	X	X	X	X		Registro
EF02.03.02	Manifiesta actitud de respeto hacia el docente durante la sesión.	B	CS	X	X	X	X	X	X	X	X	X	X	X		Registro
EF02.03.03	Conoce las normas de participación y funcionamiento de la clase y las aplica durante los juegos y práctica deportiva.	B	CS	X	X	X	X	X	X	X	X	X	X	X		Registro
EF02.03.04	Respeta las normas y reglas de juego, manteniendo una conducta respetuosa, deportiva y que no perjudique el desarrollo de la actividad.	B	CS	X	X	X	X	X	X	X	X	X	X	X		Registro
EF02.03.05	Valora la importancia del cuidado del material deportivo, así como las instalaciones donde se realiza la actividad física.	B	CS	X	X	X	X	X	X	X	X	X	X	X		Registro
EF02.03.06	Toma conciencia de la importancia existente entre los beneficios de la actividad física y la salud.	I	CS												X	Portfolio
EF02.04.01	Combina de forma natural y eficaz dos o más habilidades básicas.	B	AA						X	X	X					Prueba Práctica
EF02.04.02	Mantiene el equilibrio en diferentes posiciones.	B	AA					X								P Práctica
EF02.04.03	Consolida los elementos fundamentales en la ejecución de desplazamientos, saltos y giros en sus diferentes posibilidades motoras y atendiendo a estímulos ext.	I	AA						X	X						Prueba Práctica
EF02.04.04	Utiliza de forma eficaz las habilidades motrices básicas en medios y situaciones estables y conocidas y no conocidas.	I	AA						X	X	X					Prueba Práctica
EF02.04.05	Es capaz de mejorar la coordinación de las formas básicas de las habilidades y destrezas motoras, expresando oralmente su proceso.	A	CL								X					Observación/ Seguimiento
EF02.04.06	Muestra interés por la mejora de la competencia motriz.	B	CM	X								X	X			Observación/ Seguimiento
EF02.05.01	Resuelve estrategias sencillas y básicas de forma coordinada y eficaz.	B	AA									X	X			Prueba Práctica

		P	CC	PRIMER TRIMESTRE					SEGUNDO TRIMESTRE			TERCER TRIMESTRE			TODO EL CURSO	INSTRUMENTOS DE EVALUACIÓN
				UD1	UD2	UD3	UD4	UD5	UD6	UD7	UD8	UD9	UD10	UD11	UD12	
EF02.05.02	Interacciona adecuadamente en situaciones de juego, favoreciendo el compañerismo y la sociabilización.	B	CS									X	X			Observación/ Seguimiento
EF02.05.03	Mejora globalmente las competencias físicas básicas a través del juego, interiorizando y aprendiendo a valorar la importancia de las mismas.	B	CM									X	X			Observación/ Seguimiento
EF02.05.04	Utiliza y combina eficazmente las habilidades motrices básicas en los juegos, mejorando el dominio corporal en movimiento.	I	AA									X	X			Observación/ Seguimiento
EF02.05.05	Acepta las reglas y normas de los juegos, colaborando en un correcto desarrollo y desenvolvimiento de los mismos.	B	CS									X	X			Observación/ Seguimiento
EF02.05.06	Coopera positivamente y respeta la participación de todos sus compañeros, rechazando comportamientos antisociales.	B	CS									X	X			Observación/ Seguimiento
EF02.06.01	Practica tareas motrices interiorizando aspectos perceptivos, ayudándose de ellos para tomar decisiones efectivas.	I	AA		X	X	X									Observación/ Seguimiento
EF02.06.02	Mejora la atención en las actividades físicas y juegos, atendiendo a diferentes estímulos externos.	B	AA		X	X	X									Observación/ Seguimiento
EF02.06.03	Interpreta correctamente las acciones del compañero y de otros participantes.	I	CS									X	X			Observación/ Seguimiento
EF02.06.04	Interioriza y toma conciencia de los procesos perceptivos y cognitivos de las acciones motoras.	I	CM		X	X	X									Observación/ Seguimiento
EF02.07.01	Conoce y valora los diversos tipos de ejercicios físicos, juegos y actividades deportivas.	B	CS									X	X			Ficha/Portfolio
EF02.07.02	Respeta y acepta normas y reglas de juego, apreciando algunas características y normas básicas de ciertas actividades deportivas.	B	CS	X												Observación/ Seguimiento
EF02.07.03	Practica distintas actividades lúdicas y deportivas.	B	SI									X	X			Observación/ Seguimiento
EF02.07.04	Aplica diferentes habilidades motrices de forma correcta en la práctica de juegos y deportes alternativos.	B	SI										X			Observación/ Seguimiento

		P	CC	PRIMER TRIMESTRE					SEGUNDO TRIMESTRE			TERCER TRIMESTRE			TODO EL CURSO	INSTRUMENTOS DE EVALUACIÓN
				UD1	UD2	UD3	UD4	UD5	UD6	UD7	UD8	UD9	UD10	UD11	UD12	
EF02.07.05	Explora y descubre estrategias básicas del juego en relación a acciones cooperativas, de oposición y de cooperación-oposición, participando activamente en ellas.	I	AA	X								X	X			Observación/ Seguimiento
EF02.07.06	Utiliza y combina distintas habilidades básicas sencillas en juegos y actividades deportivas.	B	SI						X	X	X					Prueba Práctica
EF02.07.07	Toma conciencia de la importancia del juego como aprovechamiento valioso y medio de disfrute del ocio y tiempo libre.	B	SI	X												Observación/ Seguimiento
EF02.08.01	Conoce y practica diferentes juegos populares, tradicionales y autóctonos de Castilla - La Mancha, apreciando este tipo de juegos como un importante elemento social y cultural.	B	CC									X				Observación/ Seguimiento
EF02.08.02	Adapta el movimiento corporal de forma coordinada a través de distintas habilidades básicas en entornos naturales.	I	AA										X			Observación/ Seguimiento
EF02.08.03	Ejecuta coordinadamente y de forma equilibrada juegos populares, tradicionales y autóctonos, aplicando las habilidades básicas y manejando objetos y materiales propios de éstos.	B	CC									X				Observación/ Seguimiento
EF02.08.04	Practica juegos y actividades en el medio urbano, natural o al aire libre.	B	CC									X				Observación/ Seguimiento
EF02.08.05	Valora y conoce juegos de su propio entorno.	B	CC													Ficha/Portfolio
EF02.08.06	Muestra una actitud de respeto y consideración hacia el medio ambiente, colaborando con la conservación en la práctica de la actividad física.	B	CS										X			Observación/ Seguimiento
EF02.09.01	Utiliza las nuevas tecnologías para localizar y extraer la información que se le solicita.	I	CD												X	Portfolio
EF02.09.02	Realiza trabajos sencillos relacionados con la Educación Física utilizando las tecnologías de la información y la comunicación.	I	CD												X	Portfolio

		P	CC	PRIMER TRIMESTRE					SEGUNDO TRIMESTRE			TERCER TRIMESTRE			TODO EL CURSO	INSTRUMENTOS DE EVALUACIÓN
				UD1	UD2	UD3	UD4	UD5	UD6	UD7	UD8	UD9	UD10	UD11	UD12	
EF02.09.03	Expone sus ideas de forma coherente y se expresa de forma correcta en diferentes situaciones y respeta las opiniones de los demás.	B	CL	X	X	X	X	X	X	X	X	X	X	X		Observación/ Seguimiento
EF03.01.01	Desarrolla y afianza nociones asociadas al ritmo: antes, durante, después, cadencia y velocidad.	B	AA				X									Prueba Práctica
EF03.01.02	Reproduce actividades expresivas o artísticas mediante el movimiento corporal (desplazamientos, saltos, palmas, golpeos, balanceos, giros) o con instrumentos de percusión.	B	CC											X		Observación/ Seguimiento
EF03.01.03	Ejecuta pasos, gestos y movimientos sencillos adaptados a secuencias rítmicas en un espacio determinado.	B	CC				X									Prueba Práctica
EF03.01.04	Desarrolla y afianza nociones asociadas al ritmo: antes, durante, después, cadencia y velocidad. (EF03.01.01)	B	AA				X									Prueba Práctica
EF03.01.05	Practica danzas y bailes propios de Castilla - La Mancha y otros conocidos.	I	CC											X		Observación/ Seguimiento
EF03.01.06	Valora los recursos expresivos y musicales propios y de los demás y sabe interpretarlos.	B	CC											X		Observación/ Seguimiento
EF03.02.01	Conoce y valora las posibilidades expresivas y comunicativas corporales, mostrando inhibición en sus representaciones.	I	CC											X		Observación/ Seguimiento
EF03.02.02	Práctica roles y personajes en el juego dramático.	B	CC											X		Observación/ Seguimiento
EF03.02.03	Interpreta gestos y representaciones de los demás comprendiendo el lenguaje expresivo corporal.	B	CL											X		Observación/ Seguimiento
EF03.02.04	Participa sin reticencias mimos, imitaciones, bailes, juegos dramáticos y representaciones.	I	SI											X		Observación/ Seguimiento
EF03.02.05	Es espontáneo, creativo y es capaz de expresar lo que siente en cada momento.	I	SI											X		Observación/ Seguimiento
EF03.02.06	Participa en manifestaciones expresivas con desinhibición, emotividad y sentimientos a través del cuerpo, el gesto y el movimiento de forma natural y creativa.	I	CC											X		Observación/ Seguimiento

	P	CC	PRIMER TRIMESTRE				SEGUNDO TRIMESTRE				TERCER TRIMESTRE			TODOD EL CURSO	INSTRUMENTOS DE EVALUACIÓN
			UD1	UD2	UD3	UD4	UD5	UD6	UD7	UD8	UD9	UD10	UD11	UD12	
EF03.03.01 Utiliza las nuevas tecnologías para localizar y extraer la información que se le solicita.	I	CD												X	Portfolio
EF03.03.02 Realiza trabajos sencillos relacionados con la Educación Física utilizando las tecnologías de la información y la comunicación.	I	CD												X	Portfolio
EF03.03.03 Expone sus ideas de forma coherente y se expresa de forma correcta en diferentes situaciones y respeta las opiniones de los demás.	B	CL	X	X	X	X	X	X	X	X	X	X	X		Observación/ Seguimiento

2.3. DESARROLLO DE LAS 12 UNIDADES DIDÁCTICAS

En las siguientes tablas se desarrollan las 12 Unidades Didácticas de las cuales se compone el curso escolar de E.F. en 4º de Educación Primaria. En cada una de ellas se especifican los siguientes elementos:

- ✓ Nº Unidad Didáctica y Título
- ✓ Curso: 4º de Educación Primaria
- ✓ Nº de alumnos/as (sin especificar)
- ✓ Nº de sesiones (orientativo)
- ✓ Temporalización: Trimestre/Mes
- ✓ Objetivos de Etapa con los que mayor relación tiene la U.D.
- ✓ Metodología utilizada a lo largo de la U.D.
- ✓ Recursos: Instalaciones y materiales utilizados.
- ✓ Tipos de actividades.
- ✓ Contenidos a desarrollar en la U.D. (basados en el D.54/2014)
- ✓ Estándares de aprendizaje: De ellos se especifica:

  - Nomenclatura
  - Ponderación: Básico, intermedio o avanzado
  - Competencia Clave asociada
  - Instrumento de Evaluación

Se debe tener en cuenta que todos estos datos son orientativos y que cada maestro debe adaptar los diferentes elementos de cada U.D. a sus propias características, a las del centro y a las de sus propios alumnos/as. De este modo, dentro de su autonomía puede modificar las Unidades Didácticas, su temporalización, así como los estándares de aprendizaje a trabajar en cada trimestre o en cada Unidad.

Por último, después del desarrollo de cada U.D. encontramos la *"Ficha de seguimiento de la U.D.",* la cual nos servirá de ayuda para la evaluación de cada estándar de aprendizaje para cada uno de los alumnos/as. En ella se evaluará cada estándar del 1 al 5 (siendo 1 no conseguido y 5 el nivel máximo).

Por último, estos valores se pueden trasladar a la herramienta evaluativa llamada *"Evalúa",* la cual se puede descargar desde la página web de la junta de comunidades de Castilla-La Mancha, y la cual nos puede ayudar a obtener la calificación orientativa de cada alumno/a.

U.D. Nº 1	CURSO: 4º	Alumnos: ___	6 SESIONES	PRIMER TRIMESTRE	SEPTIEMBRE	EVALUACIÓN INICIAL
OBJETIVOS DE ETAPA K, B, M, A, C y J		**METODOLOGÍA**	DESCUBRIMIENTO GUIADO RESOLUCIÓN DE PROBLEMAS LIBRE EXPLORACIÓN			
RECURSOS: Instalaciones y material	Pabellón polideportivo. Pelotas, petos, conos, cuerdas, aros, fichas...					
	ACTIVIDADES			Juegos cooperativos, Dinámicas de grupo, Gymkhanas.		

CONTENIDOS

El cuidado del cuerpo. Adquisición de hábitos posturales y alimentarios saludables relacionados con la actividad física y consolidación de hábitos de higiene corporal. Relación de la actividad física con la salud y el bienestar. Reconocimiento y actitud favorable de los beneficios de la actividad física en la salud. Medidas básicas de seguridad en la práctica de la actividad física, con relación al entorno. Uso correcto y respetuoso de materiales y espacios. Iniciativa y muestra de interés por la mejora del control postural. Identificación de formas y posibilidades de movimiento. Adecuación del movimiento a estructuras espaciales y temporales.

ESTÁNDARES DE APRENDIZAJE	P	CC	INSTRUMENTOS DE EVALUACIÓN
EF01.01.04	Se asea adecuadamente y utiliza vestimenta apropiada para el ejercicio físico.	B	CS	Registro
EF01.03.01	Conoce y respeta las normas y el funcionamiento de la clase, así como del uso correcto y seguro de espacios y materiales.	B	CS	Registro
EF01.03.02	Conoce y aplica las medidas básicas de seguridad y de prevención de accidentes en la práctica de los juegos.	I	CS	Registro
EF01.03.04	Acepta las diferencias individuales y del grupo, y actúa consecuentemente para favorecer un clima adecuado.	B	CS	Registro
EF01.03.05	Toma conciencia de la necesidad y el deber de cuidar todo el material e instalaciones deportivas.	B	CS	Registro
EF01.03.06	Respeta y reconoce las decisiones del maestro y de sus compañeros, así como el resultado del juego, expresando adecuadamente sus impresiones. **(EF02.03.01)**	B	CS	Registro
EF01.03.07	Manifiesta actitud de respeto hacia el docente. **(EF02.03.02)**	B	CS	Registro
EF01.04.03	Expone sus ideas de forma coherente y se expresa de forma correcta en diferentes situaciones y respeta las opiniones.	B	CL	Observación/ Seguimiento
EF02.03.03	Conoce las normas de participación y funcionamiento de la clase y las aplica durante los juegos y práctica deportiva.	B	CS	Registro
EF02.03.04	Respeta las normas y reglas de juego, manteniendo una conducta respetuosa, deportiva y que no perjudique el desarrollo de la actividad.	B	CS	Registro
EF02.03.05	Valora la importancia del cuidado del material deportivo, así como las instalaciones donde se realiza la actividad física.	B	CS	Registro
EF02.04.06	Muestra interés por la mejora de la competencia motriz.	B	CM	Observación/ Seguimiento
EF02.07.02	Respeta y acepta normas y reglas de juego, apreciando algunas características y normas básicas de ciertas actividades deportivas.	B	CS	Observación/ Seguimiento
EF02.07.05	Explora y descubre estrategias básicas del juego en relación a acciones cooperativas, de oposición y de cooperación-oposición, participando activamente en ellas.	I	AA	Observación/ Seguimiento
EF02.07.07	Toma conciencia de la importancia del juego como aprovechamiento valioso y medio de disfrute del ocio y tiempo libre.	B	SI	Observación/ Seguimiento

FICHA DE SEGUIMIENTO DE LA U.D.1

Unidad Didáctica Nº: 1	EVALUACIÓN INICIAL	CURSO	4º

ALUMNADO	ESTÁNDARES	EF01.01.04	EF01.03.01	EF01.03.02	EF01.03.04	EF01.03.05	EF01.03.06	EF01.03.07	EF01.04.03	EF02.03.03	EF02.03.04	EF02.03.05	EF02.07.02	EF02.07.05	EF02.07.07
1															
2															
3															
4															
5															
6															
7															
8															
9															
10															
11															
12															
13															
14															
15															
16															
17															
18															
19															
20															
21															

ASEO	EF01.01.04	A
Respeto (normas clase)	EF01.03.01 EF02.03.03	RNC
Seguridad y prevención	EF01.03.02	S
Compañerismo - Deportividad	EF01.03.04 EF02.03.04	C
Cuidado Material	EF01.03.05 EF02.03.05	M
Respeto (maestro)	EF01.03.06 EF01.03.07	RM
Expresividad	EF01.04.03	EX
Falta de Asistencia		F

NO CONSEGUIDO	ACEPTABLE	BUENO	MUY BUENO	EXCELENTE
1	2	3	4	5

FRANCISCO INIESTA PEREZ

U.D. Nº 2	CURSO: 4º	Alumnos:___	6 SESIONES	PRIMER TRIMESTRE	OCTUBRE	ESQUEMA CORPORAL Y LATERALIDAD
OBJETIVOS DE ETAPA	K, B, M, A, C		METODOLOGÍA	DESCUBRIMIENTO GUIADO RESOLUCIÓN DE PROBLEMAS LIBRE EXPLORACIÓN		
RECURSOS: Instalaciones y material		Pabellón polideportivo. Pelotas, pañuelos, balones, petos de colores, conos, picas, aros, cuerdas, pelotas, colchonetas, fichas, bancos suecos...	ACTIVIDADES		Juegos de lateralidad Juegos para controlar las diferentes partes del cuerpo y para desarrollar la concienciación segmentaria y global del cuerpo. Juegos de respiración y el tono muscular.	
CONTENIDOS		Relación de la actividad física con la salud y el bienestar. Reconocimiento y actitud favorable de los beneficios de la actividad física en la salud Conocimiento básico de la estructura corporal en relación al movimiento. Posibilidades perceptivas. Representación mental y exploración del propio cuerpo en relación con el movimiento. Imagen corporal. Conciencia y control del cuerpo en relación con la respiración, tensión y la relajación. Control corporal en situaciones de equilibrio en estático y dinámico en distintas posiciones. Dominio y control postural. Discriminación segmentaria en relación con los objetos y con los demás en distintos espacios. Iniciativa y muestra de interés por la mejora del control postural. Identificación de formas y posibilidades de movimiento.				

	ESTÁNDARES DE APRENDIZAJE	P	CC	INSTRUMENTOS DE EVALUACIÓN
EF01.01.04	Se asea adecuadamente y utiliza vestimenta apropiada para el ejercicio físico.	B	CS	Registro
EF01.03.01	Conoce y respeta las normas y el funcionamiento de la clase, así como el uso correcto y seguro de espacios y materiales.	B	CS	Registro
EF01.03.02	Conoce y aplica las medidas básicas de seguridad y de prevención de accidentes en la práctica de los juegos y actividad física.	I	CS	Registro
EF01.03.04	Acepta las diferencias individuales y del grupo, y actúa consecuentemente para favorecer un clima adecuado.	B	CS	Registro
EF01.03.05	Toma conciencia de la necesidad y el deber de cuidar todo el material e instalaciones deportivas.	B	CS	Registro
EF01.03.06	Respeta y reconoce las decisiones del maestro y de sus compañeros, así como el resultado del juego, expresando adecuadamente sus impresiones. (EF02.03.01)	B	CS	Observación/Seguimiento
EF01.03.07	Manifiesta actitud de respeto hacia el docente. (EF02.03.02)	B	CS	Registro
EF01.04.03	Expone sus ideas de forma coherente y se expresa de forma correcta en diferentes situaciones y respeta las opiniones de los demás.	B	CL	Observación/Seguimiento
EF02.03.03	Conoce las normas de participación y funcionamiento de la clase y las aplica durante los juegos y práctica deportiva.	B	CS	Registro
EF02.03.04	Respeta las normas y reglas de juego, manteniendo una conducta respetuosa, deportiva y que no perjudique el desarrollo de la actividad.	B	CS	Registro
EF02.03.05	Valora la importancia del cuidado del material deportivo, así como las instalaciones donde se realiza la actividad física.	B	CS	Registro
EF02.01.01	Conoce e identifica los músculos, huesos y articulaciones básicos del cuerpo en la figura humana.	B	CM	Prueba Práctica
EF02.01.03	Toma conciencia corporal de las acciones motoras que va a realizar posteriormente.	I	SI	Observación/Seguimiento
EF02.01.04	Conoce y valora la importancia de la respiración y relajación en su organismo.	I	CM	Observación/Seguimiento
EF02.06.01	Practica tareas motrices interiorizando aspectos perceptivos, ayudándose de ellos para tomar decisiones efectivas.	I	AA	Observación/Seguimiento

U.D. Nº 2	CURSO: 4º	Alumnos:	6 SESIONES	PRIMER TRIMESTRE	OCTUBRE	ESQUEMA CORPORAL Y LATERALIDAD		
OBJETIVOS DE ETAPA	K, B, M, A, C		METODOLOGÍA	DESCUBRIMIENTO GUIADO RESOLUCIÓN DE PROBLEMAS LIBRE EXPLORACIÓN				
EF02.06.02	Mejora la atención en las actividades físicas y juegos, atendiendo a diferentes estímulos externos.					B	AA	Observación/ Seguimiento
EF02.06.04	Interioriza y toma conciencia de los procesos perceptivos y cognitivos de las acciones motoras.					I	CM	Observación/ Seguimiento

FICHA DE SEGUIMIENTO DE LA U.D.2

Unidad Didáctica Nº: 2	ESQUEMA CORPORAL Y LATERALIDAD	CURSO	4º

ALUMNADO	ESTÁNDARES	EF01.01.04	EF01.03.01	EF01.03.02	EF01.03.04	EF01.03.05	EF01.03.06	EF01.03.07	EF01.04.03	EF02.03.03	EF02.03.04	EF02.03.05	EF02.01.01	EF02.01.03	EF02.01.04	
1																
2																
3																
4																
5																
6																
7																
8																
9																
10																
11																
12																
13																
14																
15																
16																
17																
18																
19																
20																
21																

ASEO	EF01.01.04	A
Respeto (normas clase)	EF01.03.01 EF02.03.03	RNC
Seguridad y prevención	EF01.03.02	S
Compañerismo - Deportividad	EF01.03.04 EF02.03.04	C
Cuidado Material	EF01.03.05 EF02.03.05	M
Respeto (maestro)	EF01.03.06 EF01.03.07	RM
Expresividad	EF01.04.03	EX
Falta de Asistencia		F

NO CONSEGUIDO	ACEPTABLE	BUENO	MUY BUENO	EXCELENTE
1	2	3	4	5

U.D. Nº 3	CURSO: 4º	Alumnos:	6 SESIONES	PRIMER TRIMESTRE	OCTUBRE - NOVIEMBRE	PERCEPCIÓN ESPACIAL
OBJETIVOS DE ETAPA	K, B, M, A, C					

RECURSOS: Instalaciones y material	METODOLOGÍA	
Pañuelos, fichas, bancos suecos, conos, picas, aros, cuerdas, pelotas, colchonetas, petos …	DESCUBRIMIENTO GUIADO RESOLUCIÓN DE PROBLEMAS LIBRE EXPLORACIÓN	ACTIVIDADES
		Exploración del espacio a través de juegos lúdicos.
		Afianzamiento de las nociones topológicas básicas. Juegos con cambios de direcciones, distancias, velocidades y trayectorias.

CONTENIDOS

Control corporal en situaciones de equilibrio en estático y dinámico en distintas posiciones. Dominio y control postural. Discriminación segmentaria en relación con los objetos y con los demás en distintos espacios. Percepción espacial. Estructuración espacio-temporal. Iniciativa y muestra de interés por la mejora del control postural. Identificación de formas y posibilidades de movimiento. Utilización eficaz de las habilidades básicas en medios y situaciones conocidas y estables. Control motor y dominio corporal. Propuesta y resolución de problemas motores sencillos. Concienciación de las propias acciones motrices aprendiendo a interiorizar aspectos perceptivos y cognitivos.

	ESTÁNDARES DE APRENDIZAJE	P	CC	INSTRUMENTOS DE EVALUACIÓN
EF01.01.04	Se asea adecuadamente y utiliza vestimenta apropiada para el ejercicio físico.	B	CS	Registro
EF01.03.01	Conoce y respeta las normas y el funcionamiento de la clase, así como del uso correcto y seguro de espacios y materiales.	B	CS	Registro
EF01.03.02	Conoce y aplica las medidas básicas de seguridad y de prevención de accidentes en la práctica de los juegos y actividad física.	I	CS	Registro
EF01.03.04	Acepta las diferencias individuales y del grupo, y actúa consecuentemente para favorecer un clima adecuado.	B	CS	Registro
EF01.03.05	Toma conciencia de la necesidad y el deber de cuidar todo el material e instalaciones deportivas.	B	CS	Registro
EF01.03.06	Respeta y reconoce las decisiones del maestro y de sus compañeros, así como el resultado del juego, expresando adecuadamente sus impresiones. **(EF01.03.01)**	B	CS	Registro
EF01.03.07	Manifiesta actitud de respeto hacia el docente. **(EF02.03.02)**	B	CS	Registro
EF01.04.03	Expone sus ideas de forma coherente y se expresa de forma correcta en diferentes situaciones y respeta las opiniones de los demás.	B	CL	Observación/ Seguimiento
EF02.03.03	Conoce las normas de participación y funcionamiento de la clase y las aplica durante los juegos y práctica deportiva.	B	CS	Registro
EF02.03.04	Respeta las normas y reglas de juego, manteniendo una conducta respetuosa, deportiva y que no perjudique el desarrollo de la actividad.	B	CS	Registro
EF02.03.05	Valora la importancia del cuidado del material deportivo, así como las instalaciones donde se realiza la actividad física.	B	CS	Registro
EF02.01.02	Se orienta en el espacio respecto a sí mismo, respecto a otros y en relación con los objetos.	B	AA	Prueba Práctica
EF02.01.05	Aprecia las distancias adecuadas en cuanto al espacio y a un tiempo determinado que requiere la actividad propuesta.	B	AA	Prueba Práctica
EF02.06.01	Practica tareas motrices interiorizando aspectos perceptivos, ayudándose de ellos para tomar decisiones efectivas.	I	AA	Observación/ Seguimiento
EF02.06.02	Mejora la atención en las actividades físicas y juegos, atendiendo a diferentes estímulos externos.	B	AA	Observación/ Seguimiento
EF02.06.04	Interioriza y toma conciencia de los procesos perceptivos y cognitivos de las acciones motoras.	I	CM	Observación/ Seguimiento

FICHA DE SEGUIMIENTO DE LA U.D.3

Unidad Didáctica Nº: 3	PERCEPCIÓN ESPACIAL	CURSO	4º

ALUMNADO	ESTÁNDARES	EF01.01.04	EF01.03.01	EF01.03.02	EF01.03.04	EF01.03.05	EF01.03.06	EF01.03.07	EF01.04.03	EF02.03.03	EF02.03.04	EF02.03.05	EF02.01.02	EF02.01.05	EF02.06.01	EF02.06.02	EF02.06.04
1																	
2																	
3																	
4																	
5																	
6																	
7																	
8																	
9																	
10																	
11																	
12																	
13																	
14																	
15																	
16																	
17																	
18																	
19																	
20																	
21																	

ASEO	EF01.01.04	A
Respeto (normas clase)	EF01.03.01 EF02.03.03	RNC
Seguridad y prevención	EF01.03.02	S
Compañerismo - Deportividad	EF01.03.04 EF02.03.04	C
Cuidado Material	EF01.03.05 EF02.03.05	M
Respeto (maestro)	EF01.03.06 EF01.03.07	RM
Expresividad	EF01.04.03	EX
Falta de Asistencia		F

NO CONSEGUIDO	ACEPTABLE	BUENO	MUY BUENO	EXCELENTE
1	2	3	4	5

U.D. Nº 4	CURSO: 4º	Alumnos:	6 SESIONES	PRIMER TRIMESTRE	NOVIEMBRE		
OBJETIVOS DE ETAPA	K, B, M, A, C			DESCUBRIMIENTO GUIADO RESOLUCIÓN DE PROBLEMAS LIBRE EXPLORACIÓN	PERCEPCIÓN TEMPORAL		
			METODOLOGÍA				
RECURSOS: Instalaciones y material		Pañuelos, fichas, bancos suecos, conos, picas, aros, cuerdas, pelotas, colchonetas, petos ...		ACTIVIDADES	Juegos adaptando nuestro movimiento al desplazamiento de los compañeros. Juegos de seguir ritmos. Practica de danzas y bailes populares.		
CONTENIDOS		Control corporal en situaciones de equilibrio en estático y dinámico en distintas posiciones. Dominio y control postural. Discriminación segmentaria en relación con los objetos y con los demás en distintos espacios. Percepción temporal. Estructuración espacio-temporal. Iniciativa y muestra de interés por la mejora del control postural. Identificación de formas y posibilidades de movimiento. Utilización eficaz de las habilidades básicas en medios y situaciones conocidas y estables. Control motor y dominio corporal. Propuesta y resolución de problemas motores sencillos. Concienciación de las propias acciones motrices aprendiendo a interiorizar aspectos perceptivos y cognitivos.					

	ESTÁNDARES DE APRENDIZAJE	P	CC	INSTRUMENTOS DE EVALUACIÓN
EF01.01.04	Se asea adecuadamente y utiliza vestimenta apropiada para el ejercicio físico.	B	CS	Registro
EF01.03.01	Conoce y respeta las normas y el funcionamiento de la clase, así como del uso correcto y seguro de espacios y materiales.	B	CS	Registro
EF01.03.02	Conoce y aplica las medidas básicas de seguridad y de prevención de accidentes en la práctica de los juegos y actividad física.	I	CS	Registro
EF01.03.04	Acepta las diferencias individuales y del grupo, y actúa consecuentemente para favorecer un clima adecuado.	B	CS	Registro
EF01.03.05	Toma conciencia de la necesidad y el deber de cuidar todo el material e instalaciones deportivas.	B	CS	Registro
EF01.03.06	Respeta y reconoce las decisiones del maestro y de sus compañeros, así como el resultado del juego, expresando adecuadamente sus impresiones. (EF02.03.01)	B	CS	Registro
EF01.03.07	Manifiesta actitud de respeto hacia el docente. (EF02.03.02)	B	CS	Registro
EF01.04.03	Expone sus ideas de forma coherente y se expresa de forma correcta en diferentes situaciones y respeta las opiniones de los demás.	B	CL	Observación/ Seguimiento
EF02.03.03	Conoce las normas de participación y funcionamiento de la clase y las aplica durante los juegos y práctica deportiva.	B	CS	Registro
EF02.03.04	Respeta las normas y reglas de juego, manteniendo una conducta respetuosa, deportiva y que no perjudique el desarrollo de la actividad.	B	CS	Registro
EF02.03.05	Valora la importancia del cuidado del material deportivo, así como las instalaciones donde se realiza la actividad física.	B	CS	Registro
EF02.01.05	Aprecia las distancias adecuadas en cuanto al espacio y a un tiempo determinado que requiere la actividad propuesta.	B	AA	Prueba Práctica
EF02.06.01	Practica tareas motrices interiorizando aspectos perceptivos, ayudándose de ellos para tomar decisiones efectivas.	I	AA	Observación/ Seguimiento
EF02.06.02	Mejora la atención en las actividades físicas y juegos, atendiendo a diferentes estímulos externos.	B	AA	Observación/ Seguimiento
EF02.06.04	Interioriza y toma conciencia de los procesos perceptivos y cognitivos de las acciones motoras.	I	CM	Observación/ Seguimiento
EF03.01.01	Desarrolla y afianza nociones asociadas al ritmo: antes, durante, después, cadencia y velocidad.	B	AA	Prueba Práctica
EF03.01.03	Ejecuta pasos, gestos y movimientos sencillos adaptados a secuencias rítmicas en un espacio determinado. (EF03.01.01)	B	CC	Prueba Práctica
EF03.01.04	Desarrolla y afianza nociones asociadas al ritmo: antes, durante, después, cadencia y velocidad. (EF03.01.01)	B	AA	Prueba Práctica

FICHA DE SEGUIMIENTO DE LA U.D.4

Unidad Didáctica Nº: 4	PERCEPCIÓN TEMPORAL	CURSO	4º

ALUMNADO	ESTÁNDARES	EF01.01.04	EF01.03.01	EF01.03.02	EF01.03.04	EF01.03.05	EF01.03.06	EF01.03.07	EF01.04.03	EF02.03.03	EF02.03.04	EF02.03.05	EF02.01.05	EF02.06.01	EF02.06.02	EF02.06.04	EF03.01.01	EF03.01.03	EF03.01.04
1																			
2																			
3																			
4																			
5																			
6																			
7																			
8																			
9																			
10																			
11																			
12																			
13																			
14																			
15																			
16																			
17																			
18																			
19																			
20																			
21																			

ASEO	EF01.01.04	A
Respeto (normas clase)	EF01.03.01 EF02.03.03	RNC
Seguridad y prevención	EF01.03.02	S
Compañerismo - Deportividad	EF01.03.04 EF02.03.04	C
Cuidado Material	EF01.03.05 EF02.03.05	M
Respeto (maestro)	EF01.03.06 EF01.03.07	RM
Expresividad	EF01.04.03	EX
Falta de Asistencia		F

NO CONSEGUIDO	ACEPTABLE	BUENO	MUY BUENO	EXCELENTE
1	2	3	4	5

U.D. Nº 5	CURSO: 4º	Alumnos:	6 SESIONES	PRIMER TRIMESTRE	DICIEMBRE	
OBJETIVOS DE ETAPA	K, B, M, A, C				**EQUILIBRIO**	

RECURSOS: Instalaciones y material	Pabellón. Pañuelos, fichas, bancos suecos, conos, picas, aros, cuerdas, pelotas, colchonetas, bloques de psicomotricidad, zancos...

METODOLOGÍA	DESCUBRIMIENTO GUIADO RESOLUCIÓN DE PROBLEMAS LIBRE EXPLORACIÓN

ACTIVIDADES	Juegos donde controlemos el cuerpo en situaciones de equilibrio. Equilibrios estáticos en el suelo, equilibrios con diferentes puntos de apoyo. Juegos de equilibrio dinámico, sobre superficies elevadas, con distintas partes del cuerpo.

CONTENIDOS

Medidas básicas de seguridad en la práctica de la actividad física, con relación al entorno. Uso correcto y respetuoso de materiales y espacios. Control corporal en situaciones de equilibrio en estático y dinámico en distintas posiciones. Dominio y control postural. Discriminación segmentaria en relación con los objetos y con los demás en distintos espacios. Iniciativa y muestra de interés por la mejora del control postural. Identificación de formas y posibilidades de movimiento. Experimentación de diferentes formas de la ejecución de la diversidad de desplazamientos (naturales y construidos), saltos (diferentes tipos y con coordinación de sus fases), giros en diferentes ejes (longitudinal, transversal y anteroposterior) y planos (transversal, sagital y frontal) y habilidades que impliquen manejo y control de objetos. Diferentes patrones locomotores y diferentes velocidades. Diversidad de condicionantes en su ejecución (apoyos, segmentos, superficies, altura, base de sustentación, trayectorias, inclinaciones, materiales...) Utilización eficaz de las habilidades básicas en medios y situaciones conocidas y estables.

	ESTÁNDARES DE APRENDIZAJE	P	CC	INSTRUMENTOS DE EVALUACIÓN
EF01.01.04	Se asea adecuadamente y utiliza vestimenta apropiada para el ejercicio físico.	B	CS	Registro
EF01.03.01	Conoce y respeta las normas y el funcionamiento de la clase, así como del uso correcto y seguro de espacios y materiales.	B	CS	Registro
EF01.03.02	Conoce y aplica las medidas básicas de seguridad y de prevención de accidentes en la práctica de los juegos y actividad física.	I	CS	Registro
EF01.03.04	Acepta las diferencias individuales y del grupo, y actúa consecuentemente para favorecer un clima adecuado.	B	CS	Registro
EF01.03.05	Toma conciencia de la necesidad y el deber de cuidar todo el material e instalaciones deportivas.	B	CS	Registro
EF01.03.06	Respeta y reconoce las decisiones del maestro y de sus compañeros, así como el resultado del juego, expresando adecuadamente sus impresiones. (EF02.03.01)	B	CS	Registro
EF01.03.07	Manifiesta actitud de respeto hacia el docente. (EF02.03.02)	B	CS	Registro
EF01.04.03	Expone sus ideas de forma coherente y se expresa de forma correcta en diferentes situaciones y respeta las opiniones.	B	CL	Observación/ Seguimiento
EF02.03.03	Conoce las normas de participación y funcionamiento de la clase y las aplica durante los juegos y práctica deportiva.	B	CS	Registro
EF02.03.04	Respeta las normas y reglas de juego, manteniendo una conducta respetuosa, deportiva...	B	CS	Registro
EF02.03.05	Valora la importancia del cuidado del material deportivo, así como las instalaciones donde se realiza la actividad.	B	CS	Registro
EF02.04.02	Mantiene el equilibrio en diferentes posiciones.	B	AA	Prueba Práctica

FICHA DE SEGUIMIENTO DE LA U.D.5

Unidad Didáctica Nº: 5	EQUILIBRIO	CURSO	4º

ALUMNADO	ESTÁNDARES	EF01.01.04	EF01.03.01	EF01.03.02	EF01.03.04	EF01.03.05	EF01.03.06	EF01.03.07	EF01.04.03	EF02.03.03	EF02.03.04	EF02.03.05	EF02.04.02			
1																
2																
3																
4																
5																
6																
7																
8																
9																
10																
11																
12																
13																
14																
15																
16																
17																
18																
19																
20																
21																

ASEO	EF01.01.04	A
Respeto (normas clase)	EF01.03.01 EF02.03.03	RNC
Seguridad y prevención	EF01.03.02	S
Compañerismo - Deportividad	EF01.03.04 EF02.03.04	C
Cuidado Material	EF01.03.05 EF02.03.05	M
Respeto (maestro)	EF01.03.06 EF01.03.07	RM
Expresividad	EF01.04.03	EX
Falta de Asistencia		F

NO CONSEGUIDO	ACEPTABLE	BUENO	MUY BUENO	EXCELENTE
1	2	3	4	5

U.D. Nº 6	CURSO: 4º	Alumnos:	8 SESIONES	2º TRIMESTRE	ENERO	**DESPLAZAMIENTOS**

OBJETIVOS DE ETAPA: K, B, M, A, C

RECURSOS: Instalaciones y material	**METODOLOGÍA**	DESCUBRIMIENTO GUIADO RESOLUCIÓN DE PROBLEMAS LIBRE EXPLORACIÓN

Pañuelos, fichas, bancos suecos, conos, picas, aros, cuerdas, pelotas, colchonetas, petos ...

ACTIVIDADES	Juegos con diferentes tipos de desplazamientos por el espacio. Desplazamientos con objetos. Desplazamientos en carrera con saltos y a distintos ritmos. Practica de desplazamientos en equipo.

CONTENIDOS: Medidas básicas de seguridad en la práctica de la actividad física, con relación al entorno. Uso correcto y respetuoso de materiales y espacios. Resistencia cardiovascular. Experimentación de diferentes actividades aeróbicas globales, de intensidades y duraciones variables y adaptadas. Velocidad. Experimentación de diferentes actividades para el desarrollo global de la velocidad de reacción, ejecución y desplazamiento. Utilización eficaz de las habilidades básicas en medios y situaciones conocidas y estables. Mejora de las cualidades físicas básicas de forma genérica y orientada a la ejecución motriz. Mantenimiento de la flexibilidad y ejercitación globalizada de la fuerza, la velocidad y la resistencia.

ESTÁNDARES DE APRENDIZAJE	P	CC	INSTRUMENTOS DE EVALUACIÓN
EF01.01.04	Se asea adecuadamente y utiliza vestimenta apropiada para el ejercicio físico.	B	CS	Registro
EF01.03.01	Conoce y respeta las normas y el funcionamiento de la clase, así como del uso correcto y seguro de espacios y materiales.	B	CS	Registro
EF01.03.02	Conoce y aplica las medidas básicas de seguridad y de prevención de accidentes en la práctica de los juegos y actividad física.	I	CS	Registro
EF01.03.04	Acepta las diferencias individuales y del grupo, y actúa consecuentemente para favorecer un clima adecuado.	B	CS	Registro
EF01.03.05	Toma conciencia de la necesidad y el deber de cuidar todo el material e instalaciones deport vas.	B	CS	Registro
EF01.03.06	Respeta y reconoce las decisiones del maestro y de sus compañeros, así como el resultado del juego, expresando adecuadamente sus impresiones. (EF02.03.01)	B	CS	Registro
EF01.03.07	Manifiesta actitud de respeto hacia el docente. (EF02.03.02)	B	CS	Registro
EF01.04.03	Expone sus ideas de forma coherente y se expresa de forma correcta en diferentes situaciones y respeta las opiniones de los demás.	B	CL	Observación/ Seguimiento
EF02.03.03	Conoce las normas de participación y funcionamiento de la clase y las aplica durante los juegos y práctica deportiva.	B	CS	Registro
EF02.03.04	Respeta las normas y reglas de juego, manteniendo una conducta respetuosa, deportiva y que no perjudique el desarrollo de la actividad.	B	CS	Registro
EF02.03.05	Valora la importancia del cuidado del material deportivo, así como las instalaciones donde se realiza la actividad física.	B	CS	Registro
EF01.02.02	Es capaz de realizar una actividad de nivel moderado-vigoroso en una duración entre 8' y 10'.	I	AA	Observación/ Seguimiento
EF01.02.03	Adapta las intensidades que requieran la duración de las tareas para mantenerse activo toda la clase.	I	AA	Observación/ Seguimiento
EF01.02.05	Es capaz de mantenerse activo y mejorar su implicación motriz en una propuesta de tareas orientadas a la mejora de la condición física.	B	AA	Observación/ Seguimiento

FRANCISCO INIESTA PEREZ

DESPLAZAMIENTOS

U.D. Nº 6	CURSO: 4º	Alumnos:	8 SESIONES	2º TRIMESTRE	ENERO

OBJETIVOS DE ETAPA	K, B, M, A, C	METODOLOGÍA	DESCUBRIMIENTO GUIADO RESOLUCIÓN DE PROBLEMAS LIBRE EXPLORACIÓN		
EF01.02.06	Muestra interés hacia una mejora global en cuanto al manejo de acciones donde se implique alguna capacidad física básica.	A	SI	Observación/ Seguimiento
EF02.02.01	Conoce y utiliza las habilidades y destrezas básicas para resolver determinadas acciones motrices.	B	AA	Prueba Práctica
EF02.02.02	Se desplaza coordinadamente en diversos espacios y ante situaciones sin o con obstáculos, adaptándose a una ordenación temporal.	B	AA	Prueba Práctica
EF02.02.03	Ejecuta eficazmente y con soltura distintos tipos de desplazamiento: carrera, cuadrupedia, reptación... y explora con nuevos desplazamientos.	B	AA	Prueba Práctica
EF02.02.07	Toma conciencia de la importancia de un correcto desarrollo de las habilidades básicas motrices.	A	CM	Observación/ Seguimiento
EF02.04.01	Combina de forma natural y eficaz dos o más habilidades básicas.	B	AA	Prueba Práctica
EF02.04.03	Consolida los elementos fundamentales en la ejecución de desplazamientos, saltos y giros en sus diferentes posibilidades motoras y atendiendo a estímulos ext.	I	AA	Prueba Práctica
EF02.04.04	Utiliza de forma eficaz las habilidades motrices básicas en medios y situaciones estables y conocidas y no conocidas.	I	AA	Prueba Práctica
EF02.07.06	Utiliza y combina distintas habilidades básicas sencillas en juegos y actividades deportivas.	B	SI	Prueba Práctica

FICHA DE SEGUIMIENTO DE LA U.D.6

Unidad Didáctica Nº: 6	DESPLAZAMIENTOS	CURSO	4º

ALUM-NADO	ESTÁNDARES	EF01.01.04	EF01.03.01	EF01.03.02	EF01.03.04	EF01.03.05	EF01.03.06	EF01.03.07	EF01.04.03	EF02.03.03	EF02.03.04	EF02.03.05	EF01.02.02	EF01.02.03	EF01.02.05	EF01.02.06	EF02.02.01	EF02.02.02	EF02.02.03	EF02.02.07	EF02.04.01	EF02.04.03	EF02.04.04	EF02.07.06
1																								
2																								
3																								
4																								
5																								
6																								
7																								
8																								
9																								
10																								
11																								
12																								
13																								
14																								
15																								
16																								
17																								
18																								
19																								
20																								
21																								

ASEO	EF01.01.04	A	Cuidado Material	EF01.03.05 EF02.03.05	M
Respeto (normas clase)	EF01.03.01 EF02.03.03	RNC	Respeto (maestro)	EF01.03.06 EF01.03.07	RM
Seguridad y prevención	EF01.03.02	S	Expresividad	EF01.04.03	EX
Compañerismo - Deportividad	EF01.03.04 EF02.03.04	C	Falta de Asistencia		F

U.D. Nº 7	CURSO: 4ºB	Alumnos: 13	8 SESIONES	2º TRIMESTRE	FEBRERO
OBJETIVOS DE ETAPA	K, B, M, A, C		METODOLOGÍA	DESCUBRIMIENTO GUIADO RESOLUCIÓN DE PROBLEMAS LIBRE EXPLORACIÓN	**SALTOS Y GIROS**

RECURSOS: Instalaciones y material	Aros, vallas, colchonetas, bloques de psicomotricidad, bancos suecos, aros, conos, picas, enganches, combas, balones de gomaespuma, cinta métrica, tizas, cuerdas...	ACTIVIDADES	Juegos y actividades de saltos con materiales diferentes. Saltos sobre obstáculos inmóviles y móviles. Saltos en longitud. Saltos encadenados. Saltos en equipo. Volteretas.

CONTENIDOS: Utilización eficaz de las habilidades básicas en medios y situaciones conocidas y estables. Propuesta y resolución de problemas motores sencillos. Acondicionamiento físico orientado a la mejora en la ejecución de las habilidades motrices y de las capacidades físicas orientadas a la salud. Experimentación de diferentes formas de la ejecución de la diversidad de desplazamientos (naturales y construidos), saltos (diferentes tipos y con coordinación de sus fases), giros en diferentes ejes (longitudinal, transversal y anteroposterior) y planos (transversal, sagital y frontal) y habilidades que impliquen manejo y control de objetos. Diferentes patrones locomotores y diferentes velocidades. Diversidad de condicionantes en su ejecución (apoyos, segmentos, superficies, altura, base de sustentación, trayectorias, inclinaciones, materiales...). Utilización eficaz de las habilidades básicas en medios y situaciones conocidas y estables. Control motor y dominio corporal.

	ESTÁNDARES DE APRENDIZAJE	P	CC	INSTRUMENTOS DE EVALUACIÓN
EF01.01.04	Se asea adecuadamente y utiliza vestimenta apropiada para el ejercicio físico.	B	CS	Registro
EF01.03.01	Conoce y respeta las normas y el funcionamiento de la clase, así como el uso correcto y seguro de espacios y materiales.	B	CS	Registro
EF01.03.02	Conoce y aplica las medidas básicas de seguridad y de prevención de accidentes en la práctica de los juegos y actividad física.	I	CS	Registro
EF01.03.04	Acepta las diferencias individuales y del grupo, y actúa consecuentemente para favorecer un clima adecuado.	B	CS	Registro
EF01.03.05	Toma conciencia de la necesidad y el deber de cuidar todo el material e instalaciones deportivas.	B	CS	Registro
EF01.03.06	Respeta y reconoce las decisiones del maestro y de sus compañeros, así como el resultado del juego, expresando adecuadamente sus impresiones. (EF02.03.01)	B	CS	Registro
EF01.03.07	Manifiesta actitud de respeto hacia el docente. (EF02.03.02)	B	CS	Registro
EF01.04.03	Expone sus ideas de forma coherente y se expresa de forma correcta en diferentes situaciones y respeta las opiniones de los demás.	B	CL	Observación/ Seguimiento
EF02.03.03	Conoce las normas de participación y funcionamiento de la clase y las aplica durante los juegos y práctica deportiva.	B	CS	Registro
EF02.03.04	Respeta las normas y reglas de juego, manteniendo una conducta respetuosa, deportiva y que no perjudique el desarrollo de la actividad.	B	CS	Registro
EF02.03.05	Valora la importancia del cuidado del material deportivo, así como las instalaciones donde se realiza la actividad física.	B	CS	Registro
EF01.02.02	Es capaz de realizar una actividad de nivel moderado-vigoroso en una duración entre 8' y 10'.	I	AA	Observación/ Seguimiento

U.D. Nº 7	CURSO: 4ºB	Alumnos: 13	8 SESIONES	2º TRIMESTRE	FEBRERO

SALTOS Y GIROS

OBJETIVOS DE ETAPA	K, B, M, A, C			
	METODOLOGÍA	DESCUBRIMIENTO GUIADO RESOLUCIÓN DE PROBLEMAS LIBRE EXPLORACIÓN		Observación/ Seguimiento
EF01.02.03	Adapta las intensidades que requieran la duración de las tareas para mantenerse activo toda la clase.	I	AA	Observación/ Seguimiento
EF01.02.05	Es capaz de mantenerse activo y mejorar su implicación motriz en una propuesta de tareas orientadas a la mejora de la condición física.	B	AA	Observación/ Seguimiento
EF01.02.06	Muestra interés hacia una mejora global en cuanto al manejo de acciones donde se implique alguna capacidad física básica.	A	SI	Observación/ Seguimiento
EF02.02.01	Conoce y utiliza las habilidades y destrezas básicas para resolver determinadas acciones motrices.	B	AA	Prueba Práctica
EF02.02.04	Adapta los saltos a distintas situaciones y posibilidades: espacio, tiempo y obstáculos.	B	AA	Prueba Práctica
EF02.02.05	Realiza y coordina de forma equilibrada las fases del salto, interiorizando el proceso.	B	AA	Prueba Práctica
EF02.02.06	Gira sobre los ejes corporales en diferentes posiciones y adaptándose a la necesidad de la acción motriz, mejorando las formas de giro de forma progresiva.	I	AA	Prueba Práctica
EF02.02.07	Toma conciencia de la importancia de un correcto desarrollo de las habilidades básicas motrices.	A	CM	Observación/ Seguimiento
EF02.04.01	Combina de forma natural y eficaz dos o más habilidades básicas.	B	AA	Prueba Práctica
EF02.04.03	Consolida los elementos fundamentales en la ejecución de desplazamientos, saltos y giros en sus diferentes posibilidades motoras y atendiendo a estímulos ext.	I	AA	Prueba Práctica
EF02.04.04	Utiliza de forma eficaz las habilidades motrices básicas en medios y situaciones estables y conocidas y no conocidas.	I	AA	Prueba Práctica
EF02.07.06	Utiliza y combina distintas habilidades básicas sencillas en juegos y actividades deportivas.	B	SI	Prueba Práctica

FICHA DE SEGUIMIENTO DE LA U.D.7

Unidad Didáctica Nº: 7	SALTOS Y GIROS	CURSO	4º

ALUM-NADO	ESTÁNDARES	EF01.01.04	EF01.03.01	EF01.03.02	EF01.03.04	EF01.03.05	EF01.03.06	EF01.03.07	EF01.04.03	EF02.03.03	EF02.03.04	EF02.03.05	EF01.02.02	EF01.02.03	EF01.02.05	EF01.02.06	EF02.02.01	EF02.02.04	EF02.02.05	EF02.02.06	EF02.02.07	EF02.04.01	EF02.04.03	EF02.04.04	EF02.07.06
1																										
2																										
3																										
4																										
5																										
6																										
7																										
8																										
9																										
10																										
11																										
12																										
13																										
14																										
15																										
16																										
17																										
18																										
19																										
20																										
21																										

ASEO	EF01.01.04	A	Cuidado Material	EF01.03.05 EF02.03.05	M
Respeto (normas clase)	EF01.03.01 EF02.03.03	RNC	Respeto (maestro)	EF01.03.06 EF01.03.07	RM
Seguridad y prevención	EF01.03.02	S	Expresividad	EF01.04.03	EX
Compañerismo - Deportividad	EF01.03.04 EF02.03.04	C	Falta de Asistencia		F

U.D. Nº 8	CURSO: 4º	Alumnos:	8 SESIONES	2º TRIMESTRE	MARZO	LANZAMIENTOS Y RECEPCIONES (COORDINACIONES)

OBJETIVOS DE ETAPA	K, B, M, A, C

METODOLOGÍA	DESCUBRIMIENTO GUIADO RESOLUCIÓN DE PROBLEMAS LIBRE EXPLORACIÓN

RECURSOS: Instalaciones y material	Pelotas de diferentes tamaños y pesos, balones de voleibol, pañuelos, aros, picas, conos, balones, bancos suecos, petos...

ACTIVIDADES	Juegos de manipulación de objetos, para el desarrollo de la coordinación óculo-manual y óculo-pédica. Juegos de malabares. Práctica de habilidades de lanzamientos y recepciones en situaciones de juego.

CONTENIDOS	Acondicionamiento físico orientado a la mejora de la ejecución de las habilidades motrices y de las capacidades físicas orientadas a la salud. Prevención de lesiones en la actividad física. Calentamiento, dosificación del esfuerzo y recuperación. Utilización eficaz de las habilidades básicas en medios y situaciones conocidas y estables. Propuesta y resolución de problemas motores sencillos. Interés por mejorar la competencia motriz, valoración del esfuerzo personal en la actividad física. Disposición favorable a participar en actividades motrices diversas, reconociendo y aceptando las diferencias individuales en el nivel de habilidad.

	ESTÁNDARES DE APRENDIZAJE	P	CC	INSTRUMENTOS DE EVALUACIÓN
EF01.01.04	Se asea adecuadamente y utiliza vestimenta apropiada para el ejercicio físico.	B	CS	Registro
EF01.03.01	Conoce y respeta las normas y el funcionamiento de la clase, así como del uso correcto y seguro de espacios y materiales.	B	CS	Registro
EF01.03.02	Conoce y aplica las medidas básicas de seguridad y de prevención de accidentes en la práctica de los juegos y actividad física.	I	CS	Registro
EF01.03.04	Acepta las diferencias individuales y del grupo, y actúa consecuentemente para favorecer un clima adecuado.	B	CS	Registro
EF01.03.05	Toma conciencia de la necesidad y el deber de cuidar todo el material e instalaciones deportivas.	B	CS	Registro
EF01.03.06	Respeta y reconoce las decisiones del maestro y de sus compañeros, así como el resultado del juego, expresando adecuadamente sus impresiones. (EF02.03.01)	B	CS	Registro
EF01.03.07	Manifiesta actitud de respeto hacia el docente. (EF02.03.02)	B	CS	Registro
EF01.04.03	Expone sus ideas de forma coherente y se expresa de forma correcta en diferentes situaciones y respeta las opiniones de los demás.	B	CL	Observación/ Seguimiento
EF02.03.03	Conoce las normas de participación y funcionamiento de la clase y las aplica durante los juegos y práctica deportiva.	B	CS	Registro
EF02.03.04	Respeta las normas y reglas de juego, manteniendo una conducta respetuosa, deportiva y que no perjudique el desarrollo de la actividad.	B	CS	Registro
EF02.03.05	Valora la importancia del cuidado del material deportivo, así como las instalaciones donde se realiza la actividad física.	B	CS	Registro
EF01.02.02	Es capaz de realizar una actividad de nivel moderado-vigoroso en una duración entre 8' y 10'.	I	AA	Observación/ Seguimiento
EF01.02.03	Adapta las intensidades que requieran la duración de las tareas para mantenerse activo toda la clase.	I	AA	Observación/ Seguimiento
EF01.02.05	Es capaz de mantenerse activo y mejorar su implicación motriz en una propuesta de tareas orientadas a la mejora de la condición física.	B	AA	Observación/ Seguimiento

U.D. Nº 8	CURSO: 4º	Alumnos:	8 SESIONES	2º TRIMESTRE	MARZO	LANZAMIENTOS Y RECEPCIONES (COORDINACIONES)		
OBJETIVOS DE ETAPA	K, B, M, A, C		METODOLOGÍA	DESCUBRIMIENTO GUIADO RESOLUCIÓN DE PROBLEMAS LIBRE EXPLORACIÓN				
EF01.02.06	Muestra interés hacia una mejora global en cuanto al manejo de acciones donde se implique alguna capacidad física básica.					A	SI	Observación/ Seguimiento
EF02.02.01	Conoce y utiliza las habilidades y destrezas básicas para resolver determinadas acciones motrices.					B	AA	Prueba Práctica
EF02.02.07	Toma conciencia de la importancia de un correcto desarrollo de las habilidades básicas motrices.					A	CM	Observación/ Seguimiento
EF02.04.01	Combina de forma natural y eficaz dos o más habilidades básicas.					B	AA	Prueba Práctica
EF02.04.04	Utiliza de forma eficaz las habilidades motrices básicas en medios y situaciones estables y conocidas y no conocidas.					I	AA	Prueba Práctica
EF02.04.05	Es capaz de mejorar la coordinación de las formas básicas de las habilidades y destrezas motoras, expresando oralmente su proceso.					A	CL	Observación/ Seguimiento
EF02.07.06	Utiliza y combina distintas habilidades básicas sencillas en juegos y actividades deportivas.					B	SI	Prueba Práctica

FICHA DE SEGUIMIENTO DE LA U.D.8

Unidad Didáctica Nº: 8	LANZAMIENTOS Y RECEPCIONES	CURSO	4º

ALUM-NADO	ESTÁNDARES	EF01.01.04	EF01.03.01	EF01.03.02	EF01.03.04	EF01.03.05	EF01.03.06	EF01.03.07	EF01.04.03	EF02.03.03	EF02.03.04	EF02.03.05	EF01.02.02	EF01.02.03	EF01.02.05	EF01.02.06	EF02.02.01	EF02.02.07	EF02.04.01	EF02.04.04	EF02.04.05	EF02.07.06			
1																									
2																									
3																									
4																									
5																									
6																									
7																									
8																									
9																									
10																									
11																									
12																									
13																									
14																									
15																									
16																									
17																									
18																									
19																									
20																									
21																									

ASEO	EF01.01.04	A	Cuidado Material	EF01.03.05 EF02.03.05	M
Respeto (normas clase)	EF01.03.01 EF02.03.03	RNC	Respeto (maestro)	EF01.03.06 EF01.03.07	RM
Seguridad y prevención	EF01.03.02	S	Expresividad	EF01.04.03	EX
Compañerismo - Deportividad	EF01.03.04 EF02.03.04	C	Falta de Asistencia		F

FRANCISCO INIESTA PEREZ

U.D. Nº 9	CURSO: 4º	Alumnos:	6 SESIONES	TERCER TRIMESTRE	ABRIL		
OBJETIVOS DE ETAPA	K, J, B, M, A, C				**JUEGOS POPULARES**		
RECURSOS: Instalaciones y material	Pabellón, pista. Sogas, peonzas, pañuelos, zancos, chapas, sacos, sogas, petos, chapas, canicas, tizas, cartulinas, tizas....		METODOLOGÍA	DESCUBRIMIENTO GUIADO RESOLUCIÓN DE PROBLEMAS LIBRE EXPLORACIÓN			
			ACTIVIDADES	Juegos de cooperación. Juegos populares de nuestra región. Juegos de otros países o regiones. Investigación y práctica de juegos de nuestros padres y abuelos.			
CONTENIDOS	Resistencia cardiovascular. Experimentación de diferentes actividades aeróbicas globales, de intensidades y duraciones variables y adaptadas Resistencia cardiovascular. Experimentación de diferentes actividades aeróbicas globales, de intensidades y duraciones variables y adaptadas El juego y el deporte como elementos de la realidad social. Juegos populares, tradicionales y autóctonos de Castilla – La Mancha. Práctica de juegos tradicionales, cooperativos y tradicionales propios del entorno y de distintas culturas. Práctica de juegos y deportes alternativos. Participación de actividades en el medio natural desarrollando habilidades básicas en entornos no habituales.						

	ESTÁNDARES DE APRENDIZAJE	P	CC	INSTRUMENTOS DE EVALUACIÓN
EF01.01.04	Se asea adecuadamente y utiliza vestimenta apropiada para el ejercicio físico.	B	CS	Registro
EF01.03.01	Conoce y respeta las normas y el funcionamiento de la clase, así como del uso correcto y seguro de espacios y materiales.	B	CS	Registro
EF01.03.02	Conoce y aplica las medidas básicas de seguridad y de prevención de accidentes en la práctica de los juegos y actividad física.	I	CS	Registro
EF01.03.04	Acepta las diferencias individuales y del grupo, y actúa consecuentemente para favorecer un clima adecuado.	B	CS	Registro
EF01.03.05	Toma conciencia de la necesidad y el deber de cuidar todo el material e instalaciones deportivas.	B	CS	Registro
EF01.03.06	Respeta y reconoce las decisiones del maestro y de sus compañeros, así como el resultado del juego, expresando adecuadamente sus impresiones. (EF02.03.01)	B	CS	Registro
EF01.03.07	Manifiesta actitud de respeto hacia el docente. (EF02.03.02)	B	CS	Registro
EF01.04.03	Expone sus ideas de forma coherente y se expresa de forma correcta en diferentes situaciones y respeta las opiniones de los demás.	B	CL	Observación/ Seguimiento
EF02.03.03	Conoce las normas de participación y funcionamiento de la clase y las aplica durante los juegos y práctica deportiva.	B	CS	Registro
EF02.03.04	Respeta las normas y reglas de juego, manteniendo una conducta respetuosa, deportiva y que no perjudique el desarrollo de la actividad.	B	CS	Registro
EF02.03.05	Valora la importancia del cuidado del material deportivo, así como las instalaciones donde se realiza la actividad física.	B	CS	Registro
EF02.05.01	Resuelve estrategias sencillas y básicas de forma coordinada y eficaz.	B	AA	Prueba Práctica
EF02.05.02	Interacciona adecuadamente en situaciones de juego, favoreciendo el compañerismo y la sociabilización.	B	CS	Observación/ Seguimiento
EF02.05.03	Mejora globalmente las competencias físicas básicas a través del juego, interiorizando y aprendiendo a valorar la importancia de las mismas.	B	CM	Observación/ Seguimiento
EF02.05.04	Utiliza y combina eficazmente las habilidades motrices básicas en los juegos, mejorando el dominio corporal en movimiento.	I	AA	Observación/ Seguimiento

JUEGOS POPULARES

U.D. Nº 9	CURSO: 4º	Alumnos:	6 SESIONES	TERCER TRIMESTRE	ABRIL

OBJETIVOS DE ETAPA K, J, B, M, A, C

METODOLOGÍA	DESCUBRIMIENTO GUIADO, RESOLUCIÓN DE PROBLEMAS, LIBRE EXPLORACIÓN
RECURSOS: Instalaciones y material	Pabellón, pista. Sogas, peonzas, pañuelos, zancos, chapas, sacos, sogas, petos, chapas, canicas, tizas, cartulinas, tizas...
ACTIVIDADES	Juegos de cooperación. Juegos populares de nuestra región. Juegos de otros países o regiones. Investigación y práctica de juegos de nuestros padres y abuelos.

Código	Descripción			Instrumento
EF02.05.05	Acepta las reglas y normas de los juegos, colaborando en un correcto desarrollo y desenvolvimiento de los mismos.	B	CS	Observación/ Seguimiento
EF02.05.06	Coopera positivamente y respeta la participación de todos sus compañeros, rechazando comportamientos antisociales.	B	CS	Observación/ Seguimiento
EF02.06.03	Interpreta correctamente las acciones del compañero y de otros participantes.	I	CS	Observación/ Seguimiento
EF02.07.01	Conoce y valora los diversos tipos de ejercicios físicos, juegos y actividades deportivas.	B	CS	Ficha/Portfolio
EF02.07.03	Practica distintas actividades lúdicas y deportivas.	B	SI	Observación/ Seguimiento
EF02.07.05	Explora y descubre estrategias básicas del juego en relación a acciones cooperativas, de oposición y de cooperación-oposición, participando activamente en ellas.	I	AA	Observación/ Seguimiento
EF02.08.01	Conoce y practica diferentes juegos populares, tradicionales y autóctonos de Castilla - La Mancha, apreciando este tipo de juegos como un importante elemento social y cultural.	B	CC	Observación/ Seguimiento
EF02.08.03	Ejecuta coordinadamente y de forma equilibrada juegos populares, tradicionales y autóctonos, aplicando las habilidades básicas y manejando objetos y materiales propios de éstos.	B	CC	Observación/ Seguimiento
EF02.08.05	Valora y conoce juegos de su propio entorno.	B	CC	Ficha/Portfolio

FICHA DE SEGUIMIENTO DE LA U.D.9

Unidad Didáctica Nº: 9	JUEGOS POPULARES	CURSO	4º

ALUMNADO	ESTÁNDARES	EF01.01.04	EF01.03.01	EF01.03.02	EF01.03.04	EF01.03.05	EF01.03.06	EF01.03.07	EF01.04.03	EF02.03.03	EF02.03.04	EF02.03.05	EF02.05.01	EF02.05.02	EF02.05.03	EF02.05.04	EF02.05.05	EF02.05.06	EF02.06.03	EF02.07.01	EF02.07.03	EF02.07.05	EF02.08.01	EF02.08.03	EF02.08.05
1																									
2																									
3																									
4																									
5																									
6																									
7																									
8																									
9																									
10																									
11																									
12																									
13																									
14																									
15																									
16																									
17																									
18																									
19																									
20																									
21																									

ASEO	EF01.01.04	A	Cuidado Material	EF01.03.05 EF02.03.05	M
Respeto (normas clase)	EF01.03.01 EF02.03.03	RNC	Respeto (maestro)	EF01.03.06 EF01.03.07	RM
Seguridad y prevención	EF01.03.02	S	Expresividad	EF01.04.03	EX
Compañerismo - Deportividad	EF01.03.04 EF02.03.04	C	Falta de Asistencia		F

U.D. Nº 10	CURSO: 4º	Alumnos:	6-7 SESIONES	TERCER TRIMESTRE	MAYO
OBJETIVOS DE ETAPA	K, B, M, A, C		METODOLOGÍA	DESCUBRIMIENTO GUIADO RESOLUCIÓN DE PROBLEMAS LIBRE EXPLORACIÓN	DEPORTES ALTERNATIVOS

RECURSOS: Instalaciones y material	Pabellón. Sticks de floorball, indiacas, conos, picas, petos, pañuelos, aros, pelotas de tenis, bates de béisbol, palas...	ACTIVIDADES	Juegos con diferentes materiales alternativos: indiacas, floorball, paracaídas, discos voladores,...

CONTENIDOS

Aprecio del juego y las actividades deportivas como medio de disfrute, de relación y de empleo satisfactorio del tiempo de ocio. El juego y el deporte como fenómenos sociales y culturales. Investigación y práctica. Reconocimiento e identificación de diferentes juegos: tradicional, cooperativo, alternativo y deportes: individuales, colectivos, alternativos y en el medio natural. Tipos de juegos y actividades deportivas. Realización de juegos y de actividades deportivas, con o sin implemento, de diversas modalidades y dificultad creciente. Práctica de juegos tradicionales, cooperativos, y de distintas culturas. Participación en juegos e iniciación a la práctica de actividades deportivas. Descubrimiento y utilización de estrategias básicas de cooperación, oposición y cooperación-oposición en la práctica de juegos motores.

	ESTÁNDARES DE APRENDIZAJE	P	CC	INSTRUMENTOS DE EVALUACIÓN
EF01.01.04	Se asea adecuadamente y utiliza vestimenta apropiada para el ejercicio físico.	B	CS	Registro
EF01.03.01	Conoce y respeta las normas y el funcionamiento de la clase, así como del uso correcto y seguro de espacios y materiales.	B	CS	Registro
EF01.03.02	Conoce y aplica las medidas básicas de seguridad y de prevención de accidentes en la práctica de los juegos y actividad física.	I	CS	Registro
EF01.03.04	Acepta las diferencias individuales y del grupo, y actúa consecuentemente para favorecer un clima adecuado.	B	CS	Registro
EF01.03.05	Toma conciencia de la necesidad y el deber de cuidar todo el material e instalaciones deport vas.	B	CS	Registro
EF01.03.06	Respeta y reconoce las decisiones del maestro y de sus compañeros, así como el resultado del juego, expresando adecuadamente sus impresiones. (EF02.03.01)	B	CS	Registro
EF01.03.07	Manifiesta actitud de respeto hacia el docente. (EF02.03.02)	B	CS	Registro
EF01.04.03	Expone sus ideas de forma coherente y se expresa de forma correcta en diferentes situaciones y respeta las opiniones de los demás.	B	CL	Observación/ Seguimiento
EF02.03.03	Conoce las normas de participación y funcionamiento de la clase y las aplica durante los juegos y práctica deportiva.	B	CS	Registro
EF02.03.04	Respeta las normas y reglas de juego, manteniendo una conducta respetuosa, deportiva y que no perjudique el desarrollo de la actividad.	B	CS	Registro
EF02.03.05	Valora la importancia del cuidado del material deportivo, así como las instalaciones donde se realiza la actividad física.	B	CS	Registro
EF02.05.01	Resuelve estrategias sencillas y básicas de forma coordinada y eficaz.	B	AA	Prueba Práctica
EF02.05.02	Interacciona adecuadamente en situaciones de juego, favoreciendo el compañerismo y la socialización.	B	CS	Observación/ Seguimiento
EF02.05.03	Mejora globalmente las competencias físicas básicas a través del juego, interiorizando y aprendiendo a valorar la importancia de las mismas.	B	CM	Observación/ Seguimiento

U.D. Nº 10	CURSO: 4º	Alumnos:	6-7 SESIONES	TERCER TRIMESTRE	MAYO	
OBJETIVOS DE ETAPA	K, B, M, A, C		METODOLOGÍA	DESCUBRIMIENTO GUIADO RESOLUCIÓN DE PROBLEMAS LIBRE EXPLORACIÓN		DEPORTES ALTERNATIVOS
EF02.05.04	Utiliza y combina eficazmente las habilidades motrices básicas en los juegos, mejorando el dominio corporal en movimiento.				I	AA	Observación/ Seguimiento
EF02.05.05	Acepta las reglas y normas de los juegos, colaborando en un correcto desarrollo y desenvolvimiento de los mismos.				B	CS	Observación/ Seguimiento
EF02.05.06	Coopera positivamente y respeta la participación de todos sus compañeros, rechazando comportamientos antisociales.				B	CS	Observación/ Seguimiento
EF02.06.03	Interpreta correctamente las acciones del compañero y de otros participantes.				I	CS	Observación/ Seguimiento
EF02.07.01	Conoce y valora los diversos tipos de ejercicios físicos, juegos y actividades deportivas.				B	CS	Ficha/Portfolio
EF02.07.03	Practica distintas actividades lúdicas y deportivas.				B	SI	Observación/ Seguimiento
EF02.07.04	Aplica diferentes habilidades motrices de forma correcta en la práctica de juegos y deportes alternativos.				B	SI	Observación/ Seguimiento
EF02.07.05	Explora y descubre estrategias básicas del juego en relación a acciones cooperativas, de oposición y de cooperación-oposición, participando activamente en ellas.				I	AA	Observación/ Seguimiento
EF02.08.02	Adapta el movimiento corporal de forma coordinada a través de distintas habilidades básicas en entornos naturales.				I	AA	Observación/ Seguimiento
EF02.08.04	Practica juegos y actividades en el medio urbano, natural o al aire libre.				B	CC	Observación/ Seguimiento
EF02.08.06	Muestra una actitud de respeto y consideración hacia el medio ambiente, colaborando con la conservación en la práctica de la actividad física.				B	CS	Observación/ Seguimiento

FICHA DE SEGUIMIENTO DE LA U.D.10

Unidad Didáctica Nº: 10	DEPORTES ALTERNATIVOS	CURSO	4º

ALUM-NADO	ESTÁNDARES	EF01.01.04	EF01.03.01	EF01.03.02	EF01.03.04	EF01.03.05	EF01.03.06	EF01.03.07	EF01.04.03	EF02.03.03	EF02.03.04	EF02.03.05	EF02.05.01	EF02.05.02	EF02.05.03	EF02.05.04	EF02.05.05	EF02.05.06	EF02.06.03	EF02.07.01	EF02.07.03	EF02.07.04	EF02.07.05	EF02.08.02	EF02.08.04	EF02.08.06
1																										
2																										
3																										
4																										
5																										
6																										
7																										
8																										
9																										
10																										
11																										
12																										
13																										
14																										
15																										
16																										
17																										
18																										
19																										
20																										
21																										

ASEO	EF01.01.04	A	Cuidado Material	EF01.03.05 EF02.03.05	M
Respeto (normas clase)	EF01.03.01 EF02.03.03	RNC	Respeto (maestro)	EF01.03.06 EF01.03.07	RM
Seguridad y prevención	EF01.03.02	S	Expresividad	EF01.04.03	EX
Compañerismo - Deportividad	EF01.03.04 EF02.03.04	C	Falta de Asistencia		F

FRANCISCO INIESTA PEREZ

U.D. Nº 11	CURSO: 4ºB	Alumnos: 13	4-5 SESIONES	TERCER TRIMESTRE	JUNIO

OBJETIVOS DE ETAPA	K, J, B, M, A, C			**EXPRESIÓN CORPORAL**	

METODOLOGÍA	DESCUBRIMIENTO GUIADO RESOLUCIÓN DE PROBLEMAS LIBRE EXPLORACIÓN

RECURSOS: Instalaciones y material	Pabellón. Aros, pañuelos, fichas, cartulinas, ordenador portátil, altavoces, cuerdas, petos, bancos suecos, picas, conos, pelotas....

ACTIVIDADES	Creación e interpretación de situaciones cotidianas. Improvisación de personajes en propuestas grupales. Dramatizaciones sencillas en equipo. Realización de bailes de diferente tipo,....

CONTENIDOS

Expresión de emociones y sentimientos a través del cuerpo, el gesto y el movimiento. Comprensión de mensajes corporales. Recreación en distintos contextos dramáticos de personajes reales y ficticios. Recreación en distintos contextos dramáticos de personajes reales y ficticios. Utilización de los objetos y materiales y sus posibilidades en la expresión. Realización de acciones corporales improvisadas. Disfrute mediante la expresión y comunicación a través del propio cuerpo. Participación en situaciones que supongan comunicación corporal. Valoración de las diferencias en el modo de expresarse.

ESTÁNDARES DE APRENDIZAJE	P	CC	INSTRUMENTOS DE EVALUACIÓN
EF01.01.04	Se asea adecuadamente y utiliza vestimenta apropiada para el ejercicio físico.	B	CS	Registro
EF01.03.01	Conoce y respeta las normas y el funcionamiento de la clase, así como del uso correcto y seguro de espacios y materiales.	B	CS	Registro
EF01.03.02	Conoce y aplica las medidas básicas de seguridad y de prevención de accidentes en la práctica de los juegos y actividad física.	I	CS	Registro
EF01.03.04	Acepta las diferencias individuales y del grupo, y actúa consecuentemente para favorecer un clima adecuado.	B	CS	Registro
EF01.03.05	Toma conciencia de la necesidad y el deber de cuidar todo el material e instalaciones deportivas.	B	CS	Registro
EF01.03.06	Respeta y reconoce las decisiones del maestro y de sus compañeros, así como el resultado del juego, expresando adecuadamente sus impresiones. (EF02.03.01)	B	CS	Registro
EF01.03.07	Manifiesta actitud de respeto hacia el docente. (EF02.03.02)	B	CS	Registro
EF01.04.03	Expone sus ideas de forma coherente y se expresa de forma correcta en diferentes situaciones y respeta las opiniones de los demás.	B	CL	Observación/ Seguimiento
EF02.03.03	Conoce las normas de participación y funcionamiento de la clase y las aplica durante los juegos y práctica deportiva.	B	CS	Registro
EF02.03.04	Respeta las normas y reglas de juego, manteniendo una conducta respetuosa, deportiva y que no perjudique el desarrollo de la actividad.	B	CS	Registro
EF02.03.05	Valora la importancia del cuidado del material deportivo, así como las instalaciones donde se realiza la actividad.	B	CS	Registro
EF03.01.02	Reproduce actividades expresivas o artísticas mediante el movimiento corporal (desplazamientos, saltos, palmas, golpeos, balanceos, giros) o con instrumentos de percusión.			Observación/ Seguimiento
EF03.01.05	Practica danzas y bailes propios de Castilla - La Mancha y otros conocidos.			Observación/ Seguimiento
EF03.01.06	Valora los recursos expresivos y musicales propios y de los demás y sabe interpretarlos.			Observación/ Seguimiento
EF03.02.01	Conoce y valora las posibilidades expresivas y comunicativas corporales, mostrando inhibición en sus representaciones.			Observación/ Seguimiento

U.D. Nº 11	CURSO: 4ºB	Alumnos: 13	4-5 SESIONES	TERCER TRIMESTRE	JUNIO	EXPRESIÓN CORPORAL		
OBJETIVOS DE ETAPA	K, J, B, M, A, C		METODOLOGÍA	DESCUBRIMIENTO GUIADO RESOLUCIÓN DE PROBLEMAS LIBRE EXPLORACIÓN				
EF03.02.02	Práctica roles y personajes en el juego dramático.							Observación/ Seguimiento
EF03.02.03	Interpreta gestos y representaciones de los demás comprendiendo el lenguaje expresivo corporal.							Observación/ Seguimiento
EF03.02.04	Participa sin reticencias mimos, imitaciones, bailes, juegos dramáticos y representaciones.							Observación/ Seguimiento
EF03.02.05	Es espontáneo, creativo y es capaz de expresar lo que siente en cada momento.							Observación/ Seguimiento
EF03.02.06	Participa en manifestaciones expresivas con desinhibición, emotividad y sentimientos a través del cuerpo, el gesto y el movimiento de forma natural y creativa.							Observación/ Seguimiento

FICHA DE SEGUIMIENTO DE LA U.D.11

Unidad Didáctica Nº: 11	EXPRESIÓN CORPORAL	CURSO	4º

ALUM-NADO	ESTÁNDARES	EF01.01.04	EF01.03.01	EF01.03.02	EF01.03.04	EF01.03.05	EF01.03.06	EF01.03.07	EF01.04.03	EF02.03.03	EF02.03.04	EF02.03.05	EF03.01.02	EF03.01.05	EF03.01.06	EF03.02.01	EF03.02.02	EF03.02.03	EF03.02.04	EF03.02.05	EF03.02.06					
1																										
2																										
3																										
4																										
5																										
6																										
7																										
8																										
9																										
10																										
11																										
12																										
13																										
14																										
15																										
16																										
17																										
18																										
19																										
20																										
21																										

ASEO	EF01.01.04	A	Cuidado Material	EF01.03.05 EF02.03.05	M
Respeto (normas clase)	EF01.03.01 EF02.03.03	RNC	Respeto (maestro)	EF01.03.06 EF01.03.07	RM
Seguridad y prevención	EF01.03.02	S	Expresividad	EF01.04.03	EX
Compañerismo - Deportividad	EF01.03.04 EF02.03.04	C	Falta de Asistencia		F

U.D. Nº 12	CURSO: 4ºB	Alumnos: 13	TODO EL CURSO		
OBJETIVOS DE ETAPA	K, B, M, A, C, I			**HIGIENE Y SALUD**	
		METODOLOGÍA	DESCUBRIMIENTO GUIADO RESOLUCIÓN DE PROBLEMAS LIBRE EXPLORACIÓN		
RECURSOS: Instalaciones y material	Pabellón, patio, aula, fichas, toallitas, ropa deportiva, material propio de E.F.,....		**ACTIVIDADES**	Explicaciones teóricas. Fichas y trabajos de investigación. Actividades y juegos. Simulaciones.	
CONTENIDOS	El cuidado del cuerpo. Adquisición de hábitos posturales y alimentarios saludables relacionados con la actividad física y consolidación de hábitos de higiene corporal. Relación de la actividad física con la salud y el bienestar. Reconocimiento y actitud favorable de los beneficios de la actividad física en la salud. Medidas básicas de seguridad en la práctica de la actividad física, con relación al entorno. Uso correcto y respetuoso de materiales y espacios. Acondicionamiento físico orientado a la mejora de la ejecución de las habilidades motrices y de las capacidades físicas orientadas a la salud. Prevención de lesiones en la actividad física. Calentamiento, dosificación del esfuerzo y recuperación. Actitud favorable hacia la actividad física en relación a la salud. Iniciativa e interés por el cuidado del cuerpo y mantenimiento de la salud. Hábitos saludables en relación a la alimentación y el calentamiento.				

	ESTÁNDARES DE APRENDIZAJE	P	CC	INSTRUMENTOS DE EVALUACIÓN
EF01.01.01	Conoce las rutinas básicas y necesarias para la práctica de la actividad deportiva.	B	SI	Observación/ Seguimiento
EF01.01.02	Conoce las lesiones y enfermedades más comunes en la práctica deportiva, así como las acciones preventivas en la actividad física: calentamiento, dosificación del esfuerzo y recuperación y en el uso correcto de materiales y espacios.	A	CS	Portfolio
EF01.01.03	Realiza las tareas motrices evitando situaciones de riesgo o peligro ante posibles lesiones, identificando y previniendo cuáles son.	I	CS	Observación/ Seguimiento
EF01.01.04	Se asea adecuadamente y utiliza vestimenta apropiada para el ejercicio físico.	B	CS	Registro
EF01.01.05	Reconoce los alimentos básicos y necesarios para una equilibrada alimentación.	I	CM	Observación/ Control Desayuno
EF01.01.06	Toma conciencia de la importancia de los correctos hábitos posturales para la salud y tiene conocimiento de los malos.	I	CS	Observación/ Seguimiento
EF01.01.07	Valora la función del calentamiento y la vuelta a la calma como una parte necesaria en la sesión.	I	AA	Observación/ Seguimiento
EF01.02.01	Conoce las capacidades físicas básicas y reconoce alguna actividad para mejorarlas.	A	CM	Portfolio
EF01.02.04	Identifica las capacidades físicas básicas como elementos necesarios para mantener y mejorar el estado de forma y salud.	A	CS	Portfolio
EF01.03.03	Cumple las normas referentes al cuidado del cuerpo con relación a la higiene y valora la importancia de las mismas.	B	CS	Observación/ Seguimiento
EF01.03.08	Toma conciencia de la importancia existente entre los beneficios de la actividad física y la salud.	I	CS	Observación/ Seguimiento
EF01.04.01	Utiliza las nuevas tecnologías para localizar y extraer la información que se le solicita. **EF02.09.01, EF03.03.01**	I	CD	Portfolio
EF01.04.02	Realiza trabajos sencillos relacionados con la Educación Física utilizando las tecnologías de la ir formación y la comunicación. **EF02.09.02, EF03.03.02**	I	CD	Portfolio
EF02.03.06	Toma conciencia de la importancia existente entre los beneficios de la actividad física y la salud.	I	CS	Portfolio

FICHA DE SEGUIMIENTO DE LA U.D.12

Unidad Didáctica Nº: 12	HIGIENE Y SALUD	CURSO	4º

ALUMNADO	ESTÁNDARES	EF01.01.01	EF01.01.02	EF01.01.03	EF01.01.04	EF01.01.05	EF01.01.06	EF01.01.07	EF01.02.01	EF01.02.04	EF01.03.03	EF01.03.08	EF01.04.01	EF01.04.02	EF02.03.06	
1																
2																
3																
4																
5																
6																
7																
8																
9																
10																
11																
12																
13																
14																
15																
16																
17																
18																
19																
20																
21																

ASEO	EF01.01.04	A
Respeto (normas clase)	EF01.03.01 EF02.03.03	RNC
Seguridad y prevención	EF01.03.02	S
Compañerismo - Deportividad	EF01.03.04 EF02.03.04	C
Cuidado Material	EF01.03.05 EF02.03.05	M
Respeto (maestro)	EF01.03.06 EF01.03.07	RM
Expresividad	EF01.04.03	EX
Falta de Asistencia		F

NO CONSEGUIDO	ACEPTABLE	BUENO	MUY BUENO	EXCELENTE

2.4. RÚBRICAS

A continuación, se muestran, a modo de ejemplo, algunas de las rúbricas que pueden ser utilizadas por el maestro de Educación Física para evaluar las pruebas prácticas de algunas Unidad es Didácticas desarrolladas en 4º de Primaria.

4º PRIMARIA – RÚBRICA GENERAL

Todos los estándares actitudinales se valoran en cada sesión. Cada negativo en estos estándares se irá restando a la valoración final, de tal manera que con cuatro faltas en la unidad se valorará como insuficiente para ese estándar.

ESTÁNDAR		NIVEL 1 NO ACEPTABLE	NIVEL 2 ACEPTABLE	NIVEL 3 BUENO	NIVEL 4 MUY BUENO	NIVEL 5 EXCELENTE
EF01.01.04	Se asea adecuadamente y utiliza vestimenta apropiada para el ejercicio físico.	TIENE REGISTRADO 4 NEGATIVOS O MAS	TIENE REGISTRADO 3 NEGATIVOS	TIENE REGISTRADO 2 NEGATIVOS	TIENE REGISTRADO 1 NEGATIVO	NO TIENE REGISTRADO NINGÚN NEGATIVO
EF01.03.01	Conoce y respeta las normas y el funcionamiento de la clase, así como del uso correcto y seguro de espacios y materiales.					
EF01.03.02	Conoce y aplica las medidas básicas de seguridad y de prevención de accidentes en la práctica de los juegos y actividad física.					
EF01.03.04	Acepta las diferencias individuales y del grupo, y actúa consecuentemente para favorecer un clima adecuado.					
EF01.03.05	Toma conciencia de la necesidad y el deber de cuidar todo el material e instalaciones deportivas.					
EF01.03.06	Respeta y reconoce las decisiones del maestro y de sus compañeros, así como el resultado del juego, expresando adecuadamente sus impresiones. (EF02.03.01)					
EF01.03.07	Manifiesta actitud de respeto hacia el docente. (EF02.03.02)					
EF02.03.03	Conoce las normas de participación y funcionamiento de la clase y las aplica durante los juegos y práctica deportiva.					
EF02.03.04	Respeta las normas y reglas de juego, manteniendo una conducta respetuosa, deportiva y que no perjudique el desarrollo de la actividad.					
EF02.03.05	Valora la importancia del cuidado del material deportivo, así como las instalaciones donde se realiza la actividad física.					

4º PRIMARIA – RÚBRICA
ESQUEMA CORPORAL – PRUEBA PRÁCTICA

La Prueba Práctica consistirá en la superación de una serie de pruebas donde el alumno debe nombrar y señalar las diferentes partes de su cuerpo.

El nivel conseguido se basará en si nombra y señala las partes que se le señalan o se les diga.

ESTÁNDAR		NIVEL 1 NO ACEPTABLE	NIVEL 2 ACEPTABLE	NIVEL 3 BUENO	NIVEL 4 MUY BUENO	NIVEL 5 EXCELENTE
EF02.01.01	Conoce e identifica los músculos, huesos y articulaciones básicos del cuerpo en la figura humana.	Nombra y señala 2 partes o menos.	Nombra y señala 3-4 partes que se le indican.	Nombra y señala 5-6 partes que se le indican.	Nombra y señala 7-8 partes que se le indican.	Nombra y señala todas las partes que se le indican.

4º PRIMARIA – RÚBRICA
PERCEPCIÓN ESPACIAL – PRUEBA PRÁCTICA

La 1ª Prueba Práctica consistirá en la ubicación del alumno en el espacio respecto a sí mismo, a sus compañeros y algunos objetos: izquierda, derecha, delante, detrás, dentro, fuera.

La 2ª prueba consistirá en recorrer el espacio que se solicita orientándose bien con respecto a lo que se indica: desplazarse hasta un cono, carrera de relevos, circuito...

ESTÁNDAR		NIVEL 1 NO ACEPTABLE	NIVEL 2 ACEPTABLE	NIVEL 3 BUENO	NIVEL 4 MUY BUENO	NIVEL 5 EXCELENTE
EF02.01.02	Se orienta en el espacio respecto a sí mismo, respecto a otros y en relación con los objetos.	No se orienta respecto a sí mismo, ni con objetos.	Se orienta bien 2 veces respecto a sí mismo, compañeros y con objetos.	Se orienta bien 3 veces respecto a sí mismo, compañeros y con objetos.	Se orienta bien 4 veces respecto a sí mismo, compañeros y con objetos.	Se orienta bien siempre respecto a sí mismo, compañeros y con objetos.
EF02.01.05	Aprecia las distancias adecuadas en cuanto al espacio y a un tiempo determinado que requiere la actividad propuesta.	No recorre el espacio adecuado.	Realiza el circuito 1 vez de forma correcta.	Realiza el circuito 2 veces de forma correcta.	Realiza el circuito 3 veces de forma correcta.	Realiza el circuito todas las veces bien

4º PRIMARIA – RÚBRICA
PERCEPCIÓN TEMPORAL – PRUEBA PRÁCTICA

La 1ª Prueba Práctica consistirá en recorrer el espacio que se solicita orientándose bien con respecto a lo que se indica: desplazarse hasta un cono, carrera de relevos, circuito...

La 2ª prueba_consistirá en representar o reproducir ritmos sencillos a través de la música o palmadas: rápido, lento, antes, después...

ESTÁNDAR		NIVEL 1 NO ACEPTABLE	NIVEL 2 ACEPTABLE	NIVEL 3 BUENO	NIVEL 4 MUY BUENO	NIVEL 5 EXCELENTE
EF02.01.05	Aprecia las distancias adecuadas en cuanto al espacio y a un tiempo determinado que requiere la actividad propuesta.	No recorre el espacio adecuado	Realiza el circuito 1 vez de forma correcta	Realiza el circuito 2 veces de forma correcta	Realiza el circuito 3 veces de forma correcta	Realiza el circuito todas las veces bien
EF03.01.01 EF03.01.04	Conoce y desarrolla nociones asociadas al ritmo: antes, durante, después, cadencia y velocidad.	No se adapta al ritmo dado	Sigue el ritmo dado de forma aceptable	Se adapta bien al ritmo dado.	Se adapta muy bien al ritmo dado	Se adapta al ritmo dado de forma excelente
EF03.01.03	Ejecuta pasos, gestos y movimientos sencillos adaptados a secuencias rítmicas en un espacio determinado.					

4º PRIMARIA – RÚBRICA
EQUILIBRIO – PRUEBA PRÁCTICA

La Prueba Práctica consistirá en la superación de un circuito de equilibrio adaptado al nivel del alumnado: Desplazamiento sobre banco sueco, banco sueco invertido, superación de obstáculos, desplazamiento sobre ladrillos, sobre superficies móviles...

El nivel conseguido se basará en la rapidez y la cantidad de apoyos en el suelo que se realice en dicho circuito.

ESTÁNDAR		NIVEL 1 NO ACEPTABLE	NIVEL 2 ACEPTABLE	NIVEL 3 BUENO	NIVEL 4 MUY BUENO	NIVEL 5 EXCELENTE
EF02.04.02	Mantiene el equilibrio en diferentes posiciones.	Lento y con apoyos constantes en el suelo	Velocidad lenta y realiza 3 apoyos en el suelo	Velocidad media y realiza 2 apoyos	Velocidad media y realiza un apoyo	Velocidad normal y sin ningún apoyo

4º PRIMARIA – RÚBRICA
DESPLAZAMIENTOS – PRUEBA PRÁCTICA

La Prueba Práctica consistirá en la superación de un circuito de DESPLAZAMIENTOS adaptado al nivel del alumnado: saltos, desplazamientos de frente, espaldas, zig-zag, reptaciones, trepas, cuadrupedia,…

ESTÁNDAR		NIVEL 1 NO ACEPTABLE	NIVEL 2 ACEPTABLE	NIVEL 3 BUENO	NIVEL 4 MUY BUENO	NIVEL 5 EXCELENTE
EF02.02.01	Conoce y utiliza las habilidades y destrezas básicas para resolver determinadas acciones motrices.	REALIZA MAL CASI TODAS LAS PAR-TES DEL CIRCUI-TO, Y A VELOCI-DAD PO-CO ADE-CUADA	REALIZA POCAS PARTES DEL CIR-CUITO DE FORMA CORREC-TA Y DE MANERA LENTA	REALIZA VARIAS PARTES DEL CIR-CUITO DE FORMA CORREC-TA, A VELOCI-DAD NORMAL	REALIZA CASI TO-DO EL CIRCUITO DE FOR-MA CO-RRECTA Y CON BUENA VELOCI-DAD	REALIZA TODO EL CIRCUITO DE FOR-MA CO-RRECTA Y CON RA-PIDEZ
EF02.02.02	Se desplaza coordinadamente en diversos espacios y ante situaciones sin o con obstáculos, adaptándose a una ordenación temporal.					
EF02.02.03	Ejecuta eficazmente y con soltura distintos tipos de desplazamiento: carrera, cuadrupedia, reptación... y explora con nuevos desplazamientos.					
EF02.04.01	Combina de forma natural y eficaz dos o más habilidades básicas.					
EF02.04.04	Utiliza de forma eficaz las habilidades motrices básicas en medios y situaciones estables y conocidas y no conocidas.					

3. EVALUACIÓN DEL PROCESO DE ENSEÑANZA-APRENDIZAJE

La evaluación debe afectar a todos los elementos del proceso de enseñanza y aprendizaje susceptibles de ser evaluados. El **Real Decreto 126/2014 en su artículo 12** establece que *"Los maestros evaluarán tanto los aprendizajes del alumnado como los procesos de enseñanza y su propia práctica docente, para lo que establecerán indicadores de logro en las programaciones didácticas. Entre los indicadores, se dará especial relevancia al análisis y reflexión sobre los resultados escolares del alumnado".*

La Orden 05/08/2014 establece en su artículo 18 la evaluación de los procesos de enseñanza y de la práctica docente,

- En la evaluación del proceso de enseñanza-aprendizaje se evaluará:

  - La **propia unidad didáctica**: la adecuación de las competencias, objetivos, contenidos, criterios de evaluación y estándares de aprendizaje; las estrategias y estilos de enseñanza; los materiales elegidos; las actividades; la organización de los espacios y tiempos; la previsión de medidas a la diversidad; los instrumentos de evaluación...
  - La idoneidad y coordinación con otras actividades interdisciplinares, proyectos...
  - La implicación y coordinación con **otros sectores** (familias, docentes...).

- Por otro lado, el maestro debe evaluar su propia docencia:

  - La manifestación de **habilidades interpersonales**: su sensibilidad, su autoridad, su ecuanimidad (trato justo y equilibrado), su autoestima...
  - La manifestación de **habilidades técnico-profesionales**: su capacidad de organización, sus técnicas docentes, su formación permanente, su planificación...
  - La manifestación de **habilidades comunicativas**.

- Del mismo modo, **el alumno/a,** como parte activa dentro del proceso de enseñanza y aprendizaje, debe reflexionar sobre los conocimientos adquiridos y su actitud en clase, por lo que el maestro tendrá muy en cuenta y estará especialmente abierto al diálogo con el alumnado.

Para llevar a cabo la evaluación del proceso de enseñanza podemos utilizar las siguientes fichas evaluativas:

✓ **Autoevaluación de la práctica docente:** Se debe rellenar por parte del maestro al terminar cada Unidad Didáctica.

✓ **Autoevaluación de la U.D.:** También es rellenada por el maestro al terminar cada U.D.

✓ **Autoevaluación del alumn@:** Esta ficha es rellenada por el alumnado, una al final de cada trimestre.

✓ **Evaluación del docente y del proceso de enseñanza aprendizaje:** Al igual que la anterior, esta ficha es rellenada por los alumnos y alumnas al finalizar el trimestre.

A continuación, podemos ver estas cuatro fichas evaluativas que nos servirán de ayuda para mejorar la calidad de la evaluación, así como de la educación de nuestro alumnado.

AUTOEVALUACIÓN DE LA UNIDAD DIDÁCTICA

U.D.:_____ NIVEL: _____	NIVELES DE LOGRO					OBSERVACIONES Y ASPECTOS DE MEJORA
ASPECTO A EVALUAR	1	2	3	4	5	
La progresión de las sesiones ha sido adecuada.						
Los objetivos estaban adaptados a los alumnos/as.						
Los contenidos estaban adaptados al nivel de los alumnos/as.						
Se han conseguido los objetivos planteados.						
He conseguido que los alumnos/as se motiven y mantengan el interés.						
Se me ha entendido cuando he explicado las cosas.						
He resuelto todos los problemas que se me han planteado.						
Los materiales utilizados han sido los adecuados.						
La organización de los alumnos/as ha sido adecuada.						
Las instalaciones utilizadas han sido las adecuadas.						
Se han evaluado todos los estándares de aprendizaje de la UD.						
Los instrumentos de evaluación han sido los adecuados.						
El número de sesiones ha sido conveniente.						

EVALUACIÓN DEL DOCENTE Y DEL PROCESO DE ENSEÑANZA-APRENDIZAJE

¿QUÉ OPINAS DE TU MAESTRO DE E.F. Y DE LAS UNIDADES DIDÁCTICAS TRABAJAS EN ESTE TRIMESTRE?

Marca con una cruz la casilla del semáforo que creas más adecuada para cada una de las distintas cuestiones. No firmes la hoja si no quieres, pero intenta ser lo más sincero/a posible.

ROJO – NEGATIVA
AMARILLO – NORMAL
VERDE – POSITIVA

NOMBRE DEL MAESTRO: _____FECHA:_____

	ROJO	AMARILLLO	VERDE
IMPARTE SUS CLASE CON REGULARIDAD			
EL PROFESOR COMIENZA Y TERMINA SUS CLASES CON PUNTUALIDAD			
EXPLICA CON CLARIDAD			
CONSIGUE MANTENER LA ATENCIÓN DE LOS ALUMNO/AS EN SUS CLASES			
RESPONDE A LAS PREGUNTAS DE LOS ALUMNOS/AS CON CLARIDAD			
MUESTRA INTERÉS POR LA E.F.			
CONSIGUE QUE SUS ALUMNOS/AS SE INTERESEN POR LA E.F.			
EL ALUMNO/A PUEDE LIBREMENTE PREGUNTAR EN CLASE			
LAS UNIDADES DIDÁCTICAS TRABAJADAS HAN SIDO ADECUADAS			
EL NÚMERO DE SESIONES POR UNIDAD TE HA PARECIDO SUFICIENTE			
HAS APRENDIDO CON EL DESARROLLO DE LOS CONTENIDOS DE CADA UNIDAD			
LOS CONTENIDOS ESTABAN ADAPTADOS A VUESTRA EDAD			
CONSIDERAS QUE TU MAESTRO DE E.F. ES UN BUEN MAESTRO			

ANOTA AQUÍ LAS **OBSERVACIONES** O SUGERENCIAS QUE CONSIDERES:

AUTOEVALUACIÓN DEL ALUMN@

NOMBRE: _____ CURSO: _____

¿Quién es la persona que mejor te conoce? ¿Quién es la persona que mejor te puede evaluar? Esa persona eres TÚ. El objetivo de este formulario es que te evalúes a ti mismo y seas consciente de tus comportamientos, así como de tus posibilidades y limitaciones.

Complétalo lo mejor posible y recuerda que debes ser los más sincero posible. Debes hacer una X donde consideres adecuado, para ello ten en cuenta los siguientes indicadores:

POCO/NADA	LO JUSTO	BASTANTE	CASI SIEMPRE	SIEMPRE
1	2	3	4	5

ASPECTO A EVALUAR	INDICADORES DE LOGRO					OBSERVACIONES Y ASPECTOS DE MEJORA
	1	2	3	4	5	
Me esfuerzo en las clases de E.F.						
Participo activamente en clase						
Me concentro y presto atención						
Obedezco las indicaciones del maestro						
Respeto al maestro de E.F.						
Respeto y cumplo las normas						
Respeto a todos mis compañer@s						
Traigo chandal o ropa deportiva						
Traigo zapatillas						
Traigo y utilizo las toallitas al terminar la clase de E.F.						
Pregunto las dudas al maestro						
He mejorado mis habilidades en los juegos y deportes practicados						
Mi comportamiento en clase es el adecuado						

AUTOEVALUACIÓN DE LA PRÁCTICA DOCENTE

ESPECIALIDAD: EDUCACIÓN FÍSICA	NIVELES DE LOGRO					OBSERVACIONES Y ASPECTOS DE MEJORA
ASPECTO A EVALUAR	1	2	3	4	5	
Preparo diariamente la tarea docente						
Mi programación es funcional						
Tengo en cuenta los intereses, necesidades y capacidades de los alumnos/as						
Valoro las propuestas de compañeros, familias y alumnado						
Procuro mantener en el alumnado la motivación por el aprendizaje						
Mantengo coordinaciones didácticas con otros compañeros						
Informo adecuadamente a las familias						
Comparto experiencias con mis compañeros						
Utilizo diferentes tipos de recursos						
Reflexiono sobre mi tarea y me propongo mejoras						
Utilizo instrumentos de evaluación diversos						
Estoy dispuesto a introducir cambios en mi práctica docente y a continuar formándome						
Solicito ayuda cuando es necesario						
Disfruto y me siento satisfecho/a con mi trabajo						

BIBLIOGRAFÍA

- Blázquez, D. (1992). Evaluar en E.F. Barcelona: INDE.

- Blázquez, D. (2010). Enseñar por competencias en E.F. Barcelona: INDE.

- Contreras Jordan, O.R. (1998). Didáctica de la E.F. Un enfoque constructivista. Barcelona: INDE.

- Ferrer, F. y Montañana, R. (2015). Guía Básica de Formación "Primeros pasos para la integración curricular de las competencias clave en los centros educativos". Albacete

- Ferrer, F. y Montañana, R. (2016). Manual básico de evaluación 2016-17. Albacete.

- Junta de Comunidades de Castilla-La Mancha (2014). Decreto 54/2014, por el que se establece el currículo de la Educación Primaria en la Comunidad Autónoma de Castilla-La Mancha. Toledo

- Junta de Comunidades de Castilla-La Mancha (2014). Orden 5/08/2014, por la que se regulan la organización y la evaluación en la Educación Primaria en la comunidad autónoma de Castilla-La Mancha. Toledo.

- Junta de Comunidades de Castilla-La Mancha (2015). Resolución 11/03/2015 por la que se concreta la categorización, la ponderación y la asociación con las competencias clave, por áreas de conocimiento y cursos, de los estándares de aprendizaje evaluables, publicados en el Decreto 54/2014. Toledo.

- Ministerio de Educación y Ciencia (2006). Ley Orgánica 2/2006, de 3 de mayo, de Educación (LOE). Madrid

- Ministerio de Educación y Ciencia (2013). Ley Orgánica 8/2013, de 9 de diciembre para la mejora de la calidad educativa (LOMCE). Madrid.

- Ministerio de Educación y Ciencia (2014). Real Decreto 126/2014, por el que se establece el currículo básico de la Educación Primaria. Madrid.

- Ministerio de Educación y Ciencia (2015). Orden ECD/65/2015, de 21 de enero, por la que se describen las relaciones entre las competencias, los contenidos y los criterios de evaluación de la educación primaria, la educación secundaria obligatoria y el bachillerato. Madrid.

- Portal de Educación de la Junta de Comunidades de Castilla-La Mancha. www.educa.jccm.es

- Portal de Educación de la Junta de Comunidades de Castilla-La Mancha. Recursos de evaluación. http://www.evalua.eu

- Ruiz Nebrera, J.J. (2008). La evaluación de la E.F. en la educación primaria: mecanismos e instrumentos. Efdeportes Revista Digital. Recuperado de http://www.efdeportes.com/efd121/la-evaluacion-de-la-educacion-fisica-en-la-educacion-primaria.htm

- Sales Blasco, J. (1997). La evaluación de la E.F. en Primaria. Barcelona: INDE.

www.ingramcontent.com/pod-product-compliance
Lightning Source LLC
Chambersburg PA
CBHW081234090426
42738CB00016B/3304